쓸모
있게
말하기

쓸모 있게 말하기

1판 1쇄 발행 2024년 6월 9일

지은이 김연화
펴낸이 배충현
펴낸곳 갈라북스
출판등록 2011년 9월 19일(제2015-000098호)
전화 (031)970-9102 / **팩스** (031)970-9103
블로그 blog.naver.galabooks
페이스북 www.facebook.com/bookgala
이메일 galabooks@naver.com

ISBN 979-11-86518-82-3 (03190)

「이 도서의 국립중앙도서관 출판예정도서목록(CIP)은 서지정보유통지원시스템 홈페이지
(http://seoji.nl.go.kr)와 국가자료공동목록시스템(http://www.nl.go.kr/kolisnet)에서 이용하실
수 있습니다.」

쓸모
있게

김연화 지음

말
하기

갈라
북스

"말 잘 하는 사람들이 부러워요."
"인싸가 되고 싶어요."
"사람들 앞에만 서면 저는 한없이 작아져요."

'저는 여러분처럼 똑같이 소심하고 얼굴이 금방 빨개지는 아이었어요.'

스피치 분야에서 오랫동안 강의를 하면서 나이, 성별, 지위 고하를 막론하고 많은 사람들이 소통을 잘 하고 싶은 간절함이 있다는 것을 알게 되었습니다. 발음이 어눌해서, 사투리가 심해서, 발표 공포증이 있어서, 말 잘하는 사람이 되고 싶어서 등 수많은 사연들이 있었어요. 제 강의가 끝나면 꼭 하는 질문이 있습니다. "어쩜 그렇게 목소리가 좋아요?" "'말빨'은 원래부터 타고 나신거죠?" 그럴 때마다 "아니요, 그 반대에요"라고 말씀 드립니다. 저는 초등학교 때부터 육상선수였습니다. 그것도 인천대표 선수였어요. 남들처럼 정상적인 학교생활을 거의 해 보지 못했습니다. 보통의 아이들처럼 친구도 사귀고 학교공부도 하면 참 좋았을텐데 선수였기에 합숙생활을 하며 혹독한 훈련을 받아야했거든요. 그러다보니 평범한 학교생활의 추억은 저에겐 거의 없었던거죠.

성격은 얼마나 소심한지 남들 앞에 서면 얼굴이 금방 빨개지는 아이였답니다. 20대 초반, 어떤 계기로 외국어가 되는 대학생들이 출전하는 미인대회에 나가게 되었어요. 당시 사회를 본 이계진 아나운서께서 저에게 인천의 자랑거리가 뭐냐는 질문을 해서 겨우 대답을 했는데 "떨지 않고 말을 잘 하네요." 저는 전날 밤부터 말 못할까봐 두려움에 떨며 밤새도록 예상 질문과 답변 준비를 했거든요. 입술이 바짝 마른 상태로 제가 뭘 말했는지 기억도 나지 않았어요. 그저 빨리 말하고 집으로 도망가고 싶을 뿐이었습니다. 그런 저를 이계진 아나운서께서 눈치채고 용기를 주려고 하신 말씀은 아닌가 생각됩니다. 어찌됐든 저에겐 지금의 강사가 되기까지 큰 동기부여가 된 셈이었습니다.

'No Pain No Gain'이란 영어 속담이 있습니다.

멋지게 말하는 많은 전문가들이 매스컴에 나와 강의하는 모습을 보면 참 부럽다고 생각하시죠? 이들 또한 엄청난 노력을 통해 그 자리에 있다는 것을 알았으면 합니다. 그냥 얻어지는 것은 이 세상에 없다는 것도 우린 잘 알고 있지요. 저는 어딜가나 목소리가 좋다는 말을 자주 듣곤 합니다. 이 말을 듣기까지 저도 과거 수년동안 혹독한 트레이닝을 받았습니다. 지금도 좋은 발음과 목소리를 내기 위해 건강관리와 운동 등은 기본, 늘 제 목소리를 녹음하고 들어보면서 노력의 끈을 놓지 않고 성장하려 애쓰고 있습니다.

자, 이쯤되면 '쉽게 얻는 것은 없구나'하는 생각이 드시나요? 아니면 '그래, 그럼 나도 할 수 있겠네'라는 기대와 설렘이 느껴지시나요? 저 또한 여러분처럼 평범했어요. 심지어 말도 제대로 못하는 수줍은 아이였지만 긍정적인 기대와 함께 포기하지 않고 목적을 향해 나아갔을 뿐입니다. TV에 나오는 유명 아이돌이 추는 춤과 노래, 심지어 유창한 외국어 실력까지 겸비한 모습을 보면 '멋지다'고 생각하죠. 그런데요. 그들도 오랜 세월동안 피나는 연습과 꾸준한 자기관리를 했기에 지금의 모습을 갖춘 것뿐이랍니다. 위대함은 평범함에서 출발한다는 것을 잊지 않으셨으면 합니다.

'멋진 스피커는 들려주기 전에 보여줍니다.'
사람들은 그 사람이 그 사람다웠을 때 호감과 신뢰감을 느끼게 됩니다. 말 잘 하고 싶은데 뭘 보여주냐는 의문이 드시나요? 인간은 시각적인 동물이기도 하죠. 나는 아니라고 해도 다른 사람들은 나의 모습과 태도에서 그 능력을 먼저 평가할 때가 많습니다. 아름다운 미소, TPO(Time 시간, Place 장소, Occasion 상황)에 맞는 의상, 단정한 헤어·메이크업, 바른 자세 등 얼마든지 자신감있는 모습을 연출할 수 있습니다.

지금의 모습은 자신이 살아온 역사입니다. '인싸(Insider, 조직과 모임에 잘 어울리는 사람)'가 되고 싶다면, 아니, 적어도 '아싸(Outsider, 자신감이 없어 잘 어울리지 못하는 사람)'만큼은 벗어나고 싶다면 이제부터 나를 변화시키고 싶다는 마음과 함께 이 책에서 제시하는 몇 가지를 실천해 보실 것을 권합니다. 저는 그동안 매일산업뉴스 '김연화의 소통화통'이란 코너에서 스피치관련 다양한 사례들을 칼럼으로 연재해 왔었는데요. 이 분야에 관심을 갖고 계신 분들이나 대인관계를 더 잘 하고 싶은 분들을 위해 연재했던 칼럼과 공개되지 않은 글들을 엮어 두 번째 책 『쓸모 있게 말하기』를 출판하게 되었습니다.(첫번째 책 『나도 조리있게 말할 수 있다』) 아무쪼록 이 책을 통해 여러분의 미래 성장에 작은 울림과 실질적인 도움이 될 수 있길 간절히 바라겠습니다. 한꺼번에 다 읽기보단 관심있는 주제를 먼저 보신 후 자신에게 어떻게 적용할까 고민해 보신다면 훨씬 더 유익한 정보가 될거라 생각됩니다.

마지막으로 책 출판을 위해 도움 주신 매일산업뉴스 이강미 국장님, 부족한 제 문체가 좋다며 책 내자고 수 개월동안 애써주신 갈라북스 배충현 대표님, 며칠 전 갑작스럽게 세상을 떠났지만 늘 막내 딸을 자랑스러워하신 엄마, 그리고 아낌없는 사랑을 주는 우리 가족에게 감사의 마음 전합니다.

_ 참 좋은 어느 봄날 사무실에서,
컨피던트 스피치 대표 김연화

• 차 례 •

PART 3

소통의 비밀

설득의 기술

부 록

언어의 힘

나의 뇌를 재셋팅하자,
플라시보 효과

- 긍정의 언어로 나의 뇌 재셋팅하자
- 할 수 없다는 핑계 내려놓기
- 나를 변화시킬 수 있는 작은 것부터 실천하기

어릴 적 필자가 즐겨보던 애니메이션이 있었다. 바로 '개구쟁이 스머프'다. 파란색 피부에 하얀색 모자와 바지를 입은 작은 요정 스머프! 못된 마법사 가가멜과 그의 고양이 이즈라엘이 스머프마을 요정들을 괴롭힌다. 그러나 똑똑한 스머프들 덕분에 가가멜과 이즈라엘은 늘 당하기만 한다. 매 스토리마다 어찌나 재밌는지 '개구쟁이 스머프'는 그때 당시 수많은 어린이들에게 정말 인기가 많았다.

스머프 캐릭터 중 위클링 스머프는 몸이 약한 캐릭터다. 어느 날 파파 스머프가 개최한 제1회 스머프 챔피온십 게임에 참가하게 되는데 아무도 위클링을 받아주지 않는다. 파파 스머프가 위클링이 기운을 낼 수 있게 빨간 마법약을 코에 바르면 좋은 성적을 낼 수 있을 거라고 말해준다. 이 약을 바른 위클링은 빨간 약 덕분인지 모든 경기에서 우승을 하게 된다. 파파 스머프가 준 빨간 약 덕분에 상을 타게 된 것이라며 자신은 상을 받을 자격이 없다고 말한다. 그런데 사실은 파파스머프가 준 마법의 약은 딸기 젤리였다. 딸기 젤리를 마법의 약이라고 믿은 위클링은 제1회 스머프 챔피온 십 게임에서 우승자가 될 수 있었다.(The Smurf Championship Games 참고)

위약효과(僞藥效果)라고 잘 알려진 플라시보 효과(Placebo effect)

는 심리학 및 의학분야 용어다. 효과가 없는 약을 진짜 약으로 생각하고 섭취했더니 환자의 증상이 호전되는 현상을 말한다. '플라시보'라는 이름의 유래는 '내가 기쁘게 해주지'란 뜻을 가진 라틴어 '플라세보'로 14세기 죽은 사람들을 위한 저녁 기도문에 쓰였다고 한다.(나무위키 참고) 오늘날 심리학자들은 '고통을 가라앉힌다'는 의미로 사용하고 있다.

플라시보 효과는 비단 약 뿐만 아니라 우리가 어떤 생각과 마음을 갖느냐에 따라 뇌가 반응한다는 것을 잘 알려준다. 가짜 약이 진짜 약이라는 믿음이 병을 호전되게 하는 것처럼 말이다. 마음이 힘들면 몸도 아픈 경우가 많다. 요즘 현대인들은 스트레스를 끌어안고 살고 있다. 학업, 취업, 대인관계, 경제적 문제 등 해결해야 될 것들로 넘쳐난다. 또 SNS(사회관계망서비스)발달로 인해 잘 살고 잘 나가는 사람들과 자신을 비교함으로써 오는 상대적 박탈감이 더 많은 피로와 우울증 증가에 한몫을 한다.

건강보험심사평가원 보고서에 따르면 지난 2022년 우울증 환자는 약 100만32명으로 2018년(75만 3011명) 대비 32.8%나 증가했다고 한다. 이중 20~30대(35만 9142명) 비중이 전체의 35.8%나 차지한다고 한다. 우울증 환자의 증가는 자살률이 높은 대한민국에 매우 치명적이기도 하다. 필자 주변에는 공황장애를 앓고 있는 분들이 3명이나 있다. 정말 많은 분들이 정신적인 문제로 인해 고통을 받고 있다. 특히나 사회생활의 주를 이루는 20~50대들의 마음건강은 매우 중요하다. 평상시 내 삶을 좀 더 활기차고 건강하게 만들 수는 없을까? 플라시보 효과에서도 우리가 알 수 있듯이 나의 삶은 내가 어떻게 설계하고 마음가짐을 갖느냐가 중요하다. 이 부분에 초점을 맞춘다면 얼마든지 조금 더 나은 건강한 삶을 만들 수 있다.

필자 지인 분 중에 자기계발에 진심인 분이 한 분 있다. 60대 세무사를 직업으로 갖고 있는 남자분인데 자기계발에 매우 열정적인 분이다. 운동, 어학공부, 외부강의 등 목표가 생기면 끝장을 보는 스타일이다. 이분은 하루도 빠짐없이 매일 아침 저녁으로 운동을 한다. 외국어 공부는 수년째 하셔서 현재는 3개 국어를 구사한다. 또, 근무하면서 주말엔 학교 공부를 해 50대 중반에 박사학위까지 받으셨다. 지금은 6년째 컬럼니스트와 유튜버로도 활동하고 있다. 적지 않은 나이에 쉬엄쉬엄 하셔도 될 텐데 배움에 대한 열정이 성취감으로 연결되다 보니 바빠도 늘 행복하고 삶이 즐겁다고 말한다.

똑같이 주어지는 시간에 누군가는 환경을 이기고 자기성장에 매진하고 있다. 지금 이 글을 읽고 있는 여러분은 어떠한가?

먹고 살기도 바쁜데 시간이 없어 못하는가? 얼마 전 한 지인분이 자신의 불행에 대해 답을 찾았다며 얘기를 했다. 자신이 행복하지 않은 이유는 금수저가 아니기 때문이라고 말했다. 이 사실을 깨닫고 나니 마음이 편해졌다는 것이다. 부모가 가난하고 무능하기 때문에 본인이 아무리 노력해도 행복해질 수 없다고 말한다.

긍정적인 말보다 부정적인 말은 뇌에 강한 영향을 미친다. '나는 할 수 없다'라고 말하면 뇌는 그런 사람으로 나를 만들어 간다. 부정적인 사람들의 표정은 메말라있고 늘 불평불만만 늘어놓는다. 이런 사람들 주변에 함께 하고 싶은 사람은 없을 것이다.

플라시보 효과를 믿어보자. 뇌를 긍정적인 언어로 재셋팅 해야 한다. 60대 세무사인 지인분은 향후 테드(TED. 미국 국제 컨퍼런스)에서 영어로 강의하는 것이 목표라고 말했다. 이 말을 하는 그분의 눈빛은 호기심 많은 소년의 눈빛이었고 여느 젊은 청년들 못지않은 열정이 느껴졌다. 나의 하루를 어떻게 쓸 것인가 생각해 봐야 한다. 살아지는 삶을 살 것인가? 살아가는 삶을 살 것인가? 나는 할 수 없다는 핑계는 잠시 내려놓고 할 수 있다는 마음가짐부터 가져보자. 그리고 무엇이든지 좋다. 나를 변화시킬 수 있는 작은 것부터 실천해 보는 것은 어떨까?

나 떨고 있니?
긴장을 완화시켜주는 비법 3가지

- 미리 불안해하지 말고 기분 좋은 생각으로 마인드 셋(Mindset)하기

- 깊이 있는 호흡연습을 통해 편안한 말투 만들기

- One–Way 방식이 아닌 Two–Way 소통방식으로 서로 Win–Win하기

"정말 못하겠어요. 어떡해요 선생님!" 업무가 바뀌면서 발표를 해야 되는 한 공무원 여성분이 한숨을 쉬며 찾아왔다. 경력단절 후 재취업으로 어렵게 얻은 직장인데 이 일을 안 할 수는 없고, 발표는 난생 처음 해 보는 거라 정말 막막하기만 하다는 그녀. 중년의 여성분이었는데, 이분뿐만 아니라 많은 사람들은 발표에 대한 공포증 때문에 무척 힘들어 한다.

일대일로 말하는 것은 자신감있게 잘 하는데 여러 사람들 앞에만 서면 한없이 작아지게 된다고 말하는 사람들이 많다. 과거 필자를 생각해 보면, 사람들 앞에 서는 것조차 상상하기 힘들었던 수줍음 많은 아이였다. 그런데 지금 필자의 직업은 스피치 강사다. 어떻게 이게 가능하게 된 것일까?

소위 '말빨' 좀 되는 사람들을 보면 대부분 노력에 의해 만들어진다. 타고난 사람들은 그리 많지 않다. 자신감이 넘쳐 있지만 말을 조리있게 못하거나 말은 잘 하는데 전달력이 떨어지는 경우도 있다. 자신감 넘치게 멋지게 말한 것 같은데 핵심이 무엇인지 이해가 안 되는 경우 등 대부분은 개선해야 될 부분들을 다 가지고 있다.

결국 말을 잘 하기 위해서는 부단한 훈련에 의해서 만들어진다는 의미이다. 잘 하는 사람들은 더 잘 하기 위해서, 못하는 사람들은 개선을 위해서 꾸준하게 연습을 하면 얼마든지 스피치 실력을 높일 수 있다.

『킹스 스피치』(2011년 개봉작)란 영화로 잘 알려진 영국의 왕 조지 6세(George VI, 1895~1952 그레이트브리튼 및 아일랜드의 왕 겸 인도 제국의 황제)는 형 에드워드 8세가 왕위 계승을 포기하게 되자 원치 않는 왕위 자리에 올라가게 된다. 그는 왕족으로서는 치명적인 말더듬 증세를 가지고 있었다. 2차 세계대전 중이었기에 더군다나 대중 앞에서 연설을 해야 하는 상황, 조지 6세가 이런 최악의 상황에서 말더듬 증세를 극복해가는 과정을 그린 실화를 바탕으로 한 영화가 킹스 스피치다. 실제로 조지 6세는 말더듬이 심했고 언어장애 전문가에게 7개월 동안 훈련을 받았다고 한다.

우리나라에서도 유명인들의 대중 공포증에 대한 이야기는 심심찮게 매스컴에 나온다. 개그우먼 박나래, 가수 보아, 배우 정유미 등 정말 전혀 이런 공포증이 없을 것 같은 공인들도 대중 공포증에 시달렸다는 기사를 보면 신기하기도 하다. 이분들도 극복해가며 더 좋은 모습을 보여주기 위해 노력하고 있었구나 위로가 되기도 한다.

대중 앞에 서는 것을 두려워하거나 실패경험을 가지고 있어서 더 이상 남들 앞에 서는 것을 꺼리는 많은 분들이 있을 거라 생각한다. 그러나 마음만 먹으면 얼마든지 극복할 수 있다. 할 수 있다는 긍정 마인드가 정말 중요하다.

자, 그럼 몇 가지 방법에 대해 알아보자. 적어도 지금 소개하는 방법에 대해서만큼은 꾸준히 실천해 보겠다는 다짐을 가졌으면 하는 바람이다.

첫 번째는 '마인드셋'(Mindset, 개인의 태도, 인식, 사고방식)이다. 필자가 정말 많이 하는 방법 중 하나이기도 하다. 강의나 행사사회 요청을 받게 되면 긴장을 안 할 수가 없다. 중요한 무대일수록 당연히 마음은 더 긴장할 수밖에 없다. 필자의 경우, 알레르기 비염이 매우 심한 편이다. 가장 두려워하는 것은 진행도중 기침이 갑자기 나와 말을 제대로 못하는 경우다. 이 직종에 20년 정도 일하면서 뼈아픈 경험을 몇 번 했었다. 그래서 그런지 이런 돌발상황이 발생할까 두려워 조마조마할 때가 필자에게도 솔직히 있다. 그러나 이런 경험이 있었다고 해서 앞으로 또 있다고 미리 걱정할 필요는 없다. 필자는 오히려 강의를 통해 청중과 진정한 소통을 하는 모습을 더 상상하곤 한다. 또, 박수갈채를 받는 모습을 떠올리며 강의와 행사준비를 한다. 아직 발생하지도 않은 막연한 두려움은 잠시 내려놓자. 자신이 멋지게 말하고 있는 모습을 상상하면 얼마나 기분이 좋은가. 이 생각은 마음을 편안하게 해주고 강의를 성공적으로 할 수 있는 원동력이 된다.

두 번째, '편안한 말투연습'을 하자. 수많은 청중 앞에서 말을 한다는 것은 엄청난 긴장감을 불러일으킨다. 준비되지 않은 상태에서 첫소리를 냈는데 목소리에 떨림이 심장박동소리만큼 요동친다는 것을 느꼈을 때 긴장감은 더 커질 수밖에 없다. 수많은 사람들의 무표정은 나를 더 주목하는 것 같아 자신감은 더 떨어지게 된다. 소위 횡설수설할 확률이 높아진다. 평소 깊이 있는 호흡 연습을 통해 편안하게 말하는 연습을 해야 한다. 대본을 준비할 때도 너무 딱딱한 말투보다는 평소에 자신이 잘 쓰는 부드러운 말투로 준비해서 자연스럽게 말할 수 있게 준비하자. 필자는 면접준비생들에게도 똑같이 질문과 답변을 작성해보라고 조언하는 편이다. 너무 격식을 갖춘 말투는 딱딱한 느낌을 주고 자신의 말투가 아니기에 인위적인 느낌을 준다. 문장마다 격식과 친근감을 두루 섞은 높임법을 통해 평소 자신의 말투 느낌을 살려 말하는 것이 더 좋다.

마지막으로, 사람들과 '소통'한다고 생각하며 준비하자. 이 부분도 필자가 정말 중요시 여기는 방법 중에 하나이고 꽤 효과적이다. 요즘 시대는 정보가 넘쳐나는 시대다. 청중들은 이미 많은 지식을 가지고 있다. 말하는 사람에게 어떤 지식과 정답을 얻기보다는 깨달음, 지혜, 의견을 듣고자 하는 마음이 더 크다. 말하는 시간 내내 자신의 말만 쏟아 붓는다고 생각한다면 정말 큰 부담이 아닐 수 없다. 강의가 되었든 몇몇 사람들 앞에서 자신의 의견을 말하는 것이든 상대방과 소통한다고 생각하며 말하자. 이렇게 하면 질문을 하게 되어 청중의 의견을 들으면서 긴장감도 내릴 수 있다. 말 하는 청중도 더 적극적인 참여가 되어 서로 윈윈할 수 있게 된다. 강의를 오랫동안 해 본 경험으로 느낀 것은 만족도가 가장 높은 강의는 늘 청중이 참여하는 기법을 활용했을 때 제일 높았다. 전쟁터에서 자신만 홀로 앞장서서 싸운다면 얼마나 서럽고 외로울까? 서로 함께 의지하며 싸워야 이길 수 있다. 본인만 끝까지 말해야 한다는 생각을 내려놓자. 청중들은 모두 참여할 준비가 되어 있다. 가장 초롱초롱한 눈빛을 주고 있는 청중에게 질문을 던져봐라. 분명 미소로 화답하며 답변을 할 것이다.

사람은 누구나 남들 앞에 서는 것이 부담스럽고 피할 수만 있다면 피하고 싶어한다. 그런데 누구는 그걸 멋지게 해낸다는 사실이다. 그 모습을 보고 부러워만 할 것인가? 남들이 한다면 여러분도 할 수 있다는 의미다. 늘 긍정적인 마인드셋과 편안한 말투, 그리고 상대방과 찐 소통을 한다는 생각으로 성공적인 스피치에 한걸음 더 가까워지기 바란다.

내가 남에게 상처 주는
'가스라이터'라고?

- 건강한 대화는 있는 사실을 말해주고 칭찬해주는 것이다.

- 상대방의 말에 공감해주고 격려해주면 스스로 해결할 의지가 생긴다.

- 상대가 조언을 구하지 않았다면 굳이 불필요한 조언과 대안을 말하지 않는다.

과거 필자의 엄마가 "연화야, 내가 살아봐서 아는데 ∼ 해라, 다 널 위해 하는 말이야." 그때마다 필자의 반응은 "엄마, 제가 알아서 할게요"였다. 이 말이 엄마한테는 늘 서운했던 모양이다.

한 번은 엄마와 대화를 하는데 "너는 꼭 네가 알아서 한다고 하더라. 그 말이 정말 서운해 너 싸가지없어"라며 속상해하셨다. 지금도 요양병원에 계신 엄마를 보러 가면 한결같이 "이거 하지 마라, 저거 하지 마라, 엄마는 늘 네 걱정이다"라고 하신다. 그럼 여전히 필자는 "네, 막내딸이 잘 할게요." 웃으며 말씀드린다.

"나 가스라이팅 당한 것 같은데?" "남편이 나보고 그게 가스라이팅이래."

요즘 이 말을 가볍게 마치 유행어처럼 쓰는 사람들이 참 많아졌다. '가스라이팅'이란, '상황 조작을 통해 타인의 마음에 자신에 대한 의심을 불러일으켜 현실감과 판단력을 잃게 만듦으로써 정신적으로 황폐화시키고 가해자가 지배력을 행사하여 결국 당사자를 파국으로 몰아가는 것을 의미하는 심리학 용어'이다.(어학사전 참고)

뜻을 들어보니 엄청난 말인 것 같다. 그런데 실은 우리가 이 어마 무시한 말의 가해자이자 당사자란 사실을 여러분은 알고 있는가? '내가 가스라이터라고? 말도 안 돼'라고 부정하고 싶을 것이다. 그런데 전문가들의 말에 의하면 우리 모두는 가해자이자 피해자라고 한다. 나도 알게 모르게 주변 사람들의 심리를 조정하고 있다는 거다.

가스라이팅이란 용어는 1938년 패트릭 해밀턴 작가의 스릴러 연극 『가스등』에서 유래되었다고 한다. 잭이라는 남성이 자신의 아내(벨라)를 억압하는 이야기를 담고 있다. 잭이 보석을 훔치기 위해 윗집의 부인을 살해하고 보석을 찾기 위해 가스등을 켜야 한다. 이렇게 되면 가스를 나눠 쓰던 다른 집의 불이 어두워지는데 들킬 위험이 생긴다. 잭은 들키지 않기 위해 자신의 아내 벨라의 물건을 숨긴 뒤 아내가 물건을 잃어버렸다고 몰아간다. 잭이 보석을 찾기 위해 가스등을 켤 때마다 벨라가 있는 아래층은 어두워지고, 벨라가 집안이 어두워졌다고 말하면 잭은 아내를 탓하며 정신병자로 몰아세운다. 이에 아내는 점차 자신의 현실인지능력을 의심하면서 판단력이 흐려지고 남편에게 더욱 의존하게 된다는 이야기다.(네이버 지식백과 참고)

우리나라에서 가스라이팅이란 말이 본격적으로 후끈 달아오른 사건이 있었다. 바로 'A여배우 가스라이팅 사건'이다. 그녀의 남자친구 연예인 B가 촬영장에서 태도 논란이 불거지자

그 배후엔 여배우 A가 있었다는 사실이 밝혀진 것이다. 공개된 두 사람의 카톡 대화에서 A여배우의 지시 사항들이 있었다. 촬영장 상황을 영상으로 찍어 보내라, 스텝들에게 딱딱하게 굴어라, 인사하지 마라, 심지어 이를 지키기 위해 남자 배우가 드라마 대본 수정까지 해 달라는 일이 벌어진 것이다. 상냥하고 매력적인 여배우A의 민낯이 드러나면서 많은 사람들이 적잖이 충격에 빠졌다. 그리고 끝내 여배우A는 가스라이팅 여배우로 낙인 찍혀 지금은 배우 활동을 잠정 중단한 상태이다.

내가 가스라이팅을 당하고 있는지 하고 있는지 알 수가 없는 이유는 본인도 모르게 하고 있거나 당하고 있기 때문이다. 가정, 직장, 학교, 학원, 종교 등 다양한 곳에서 일어나고 있다. 가스라이팅은 평등한 관계라기 보단 상하 위계질서, 갑을 관계에서 주로 발생한다.

얼마 전 한 60대 무속인이 16년간 신도를 가스라이팅 해 14억을 뜯어낸 사건이 있었다. 자신이 '살아있는 부처'라며 자신에게 돈을 맡기지 않으면 가족 모두 죽을 것이다. 자녀를 공무원되게 해 주겠다 등의 말로 돈을 뜯어낸 사건이다.

부모는 자녀를 사랑하는 마음에서 "너~ 이렇게 하면 안 돼, 다 너를 위해서 그러는 거야." "내가 너를 어떻게 키웠는지 알아?" "어떻게 엄마한테 이럴 수 있어?" 친구와 대화에서 "내가 너를 잘 아는데 너가 잘못한 거야. 가서 사과해." "내가 너를 너무도 잘 알기 때문에 하는 말이야 남들은 몰라." 연인이나 부부관계에서도 "너가 잘못하니까 내가 어쩔 수 없이 때린 거야. 너도 알잖아, 내가 너를 얼마나 사랑하는지."

상대방을 위해 한 말이라고 생각하지만 실은 상대를 존중해 준 것이 아니다. 이런 대화는 상대방이 내 말을 따르게 함으로써 스스로 삶의 주체자가 아닌 의존자가 되게 만든다. 필자도 이 글을 쓰면서 아이에게 그 동안 내가 가스라이팅을 하고 있었구나 반성했다. "엄마가 너를 낳았는데 너를 모르겠니? "이번엔 너도 잘못한 거야, 두 번 다시 그러지마, 알았지?" 중학생인 딸이 아직은 어리다는 생각에 늘 답을 주려고 성급하게 나서게 된다. 이런 대화는 아이가 스스로 대안을 찾고 나아가 성인이 되면서 독립적인 주체자가 되기 어렵게 만든다.

자, 이제 그 동안 내가 알게 모르게 상대방을 내 뜻대로 하려고 했다는 것을 인정하자. 그럼 어떻게 하면 건강한 대화를 할 수 있을까? 가장 중요한 것은 있는 사실을 말해 주고 칭찬해 주는 것이다.

"딸, 엄마는 너가 알아서 숙제도 잘 하고 물건도 잘 챙기는 모습이 늘 감사하고 든든해." 이처럼 있는 사실을 구체적으로 말해주면 된다. 또한 누구와 대화하든 공감해주고 격려해 주면 된다. 이렇게 하면 스스로 해결하려는 의지가 생긴다.

상대방이 내게 조언을 구하지도 않았는데 굳이 불필요한 조언과 대안을 말할 필요는 없다. 만약 어떠한 문제가 발생해 해결책을 물어본다면 그때 자신의 사례를 말해주면 그만이다. "이렇게 해, 저렇게 해."

이건 조언도 해결책도 아니다. 상대방이 스스로 힘을 얻고 나아갈 수 있게 격려해 주는 것이 좋은 대화이다.

말싸움에서 제대로 이기는 법

- 말싸움에서 이기기 위해서는 상대의 말의 핵심을 먼저 파악하는 것이 중요!

- 뇌가 흥분하지 않도록 하기 위해서는 다른 생각을 하거나 침묵하며 호흡 안정 시키기!

- 상대가 큰 소리칠 때 같이 언성 높이지 말고 차분하고 단호하게 말하기!

'그때 그 말을 했어야 했는데….' 말다툼 후 밤새 잠 못 이루며 '이불킥'했던 기억이 있는가? 꼭 말다툼이 아니더라도 중요한 모임이나 앞에서 말을 할 기회가 있을 때 흥분된 나머지 할 말을 새하얗게 잊어버리고 다 끝나고 나선 후회가 밀물처럼 밀려왔던 경험들이 다 있을 것이다.

필자에게 찾아오는 많은 분들이 이런 문제로 고민하는 경우가 많다. 어떻게 하면 내가 하고 싶은 말을 멋지고 자신이 생각해도 폼 나게 잘 할 수 있을까? 필자가 이런 분들께 꼭 하는 말이 있다. "이 세상엔 즉흥스피치는 없다! 오직 준비된 스피치만 존재한다!"라고.

"갑작스러운 돌발상황에서 어떻게 준비를 합니까?"라는 의구심이 생기는가? 여러분이 꾸준히 책을 읽었을 때 더 조리있게 말할 수 있는 능력이 생기는 것처럼 열심히 대비하고 준비한 사람은 어떤 상황에서도 최적의 성과를 낸다. 그 동안 나보다 잘난 사람들이라 내가 이길 수 없었다는 좌절감을 갖고 있었다면 이제 철저히 준비해서 이길 수 있는 지혜를 함께 나눠보자.

첫 번째 비결, 상대방이 말할 때 핵심 먼저 파악하기! '지피지기면 백전불태(知彼知己百戰不殆)' 즉, '상대를 알고 나를 알면 백번 싸워도 위태롭지 않다'는 의미다.

상대방이 무엇을 말하는지 파악조차 못한다면 말싸움에서

이길 수 없다. 일단, 상대측이 무엇을 말하고자 하는지 핵심을 정확하게 판단해서 어떻게 공략할 지 치밀하게 준비해야 한다. 예를 들어, 차 주차문제로 언쟁이 있는 상황을 생각해 보자. 과거 필자가 겪은 실제 사례이기도 하다. 세 대의 차가 주차할 수 있는 공간이었고 필자는 차선을 잘 지켜 주차를 했다. 그런데 가운데 주차한 분이 전화가 와서 다짜고짜 화를 내는 상황이 있었다. 가만히 들어보니 차를 벽에 더 바짝 붙이지 않았기에 자신이 운전자 쪽으로 들어갈 수 없다는 게 요지였다. 이 말을 버럭 화를 내며 말하니 정신이 하나도 없었다. 급히 내려갔는데 필자의 얼굴을 보자마자 더 불같이 화를 내며 차 빼라고 소리를 질러댔다.

이 상황에서 어떤 말을 해봤자 대화는 통하지 않는다. 이미 이 분은 제정신이 아니기 때문이다. 이럴 땐 침묵으로 대응하는 것이 가장 좋다. 이성적으로 말을 해봐야 소용없다. 때론 수많은 말보다 침묵이 더 무서울 때가 있다. 괜히 같이 흥분해서 버버벅 거리는 것보다 입을 다물면 상대방은 이쪽의 반응을 알 수 없기 때문에 더 이상 대응하기 어려워진다.

침묵은 무서운 무기다. 이때 눈을 아래도 내리지 말고 상대방의 영혼을 꿰뚫고 있다는 느낌으로 지긋이 응시하는 것이 포인트다.

두 번째 비결, 침착하게 대응하기! 긴장되거나 흥분된 상태에선 심장이 튀어나올 것 같이 요동치게 되고 이성적인 판단력이 저하된다. 그 이유는 스트레스 수치가 높아졌을 때 우리 몸은 교감신경계가 활성화되어 심장 박동수를 증가시키고 온 몸에 골고루 돌고 있는 피가 근육 쪽으로 더 보내지게 되며 과 호흡 증상이 발생하게 된다. 뇌에 필요한 혈액이 최소화가 되기 때문에 이성적인 판단을 하는데 한계가 생긴다. 그래서 화가 난 사람들을 자세히 관찰해 보면 했던 말이나 욕을 또 하고 또 하고 반복하거나 단어가 생각이 나지 않아 말을 심하게 더듬기도 한다.

말싸움에서 이기기 위해서는 내가 먼저 흥분하는 일은 자제해야 한다. 위에서 필자의 예시를 든 것처럼 상대방이 소리를 지르고 비아냥거리는 상황에 일단 침묵과 더불어 내 뇌가 정상적으로 작동할 수 있도록 상대방의 말을 파악하는데 집중하거나 잠시 딴 생각을 하는 것이 도움이 된다. 어차피 상대방은 이미 이성을 잃은 '짐승의 상태'이기 때문에 뇌가 제대로 작동하고 있지 않다고 판단해도 좋다. 불쌍히 여기며 상대방이 어떤 단어를 쓰는지 분석하는 시간을 잠시 가져도 좋겠다.

세 번째 비결, 차분하게 반응하기! 위 두 가지 미션을 잘 수행했다면 세 번째는 어렵지 않을 것이다. 상대방이 아무리 큰 소리로 말해도 같이 언성을 높일 필요는 전혀 없다. 오히려 상대방이 말이 끝날 때쯤 조용하고 차분하게 "차를 얼른 **빼**란 말씀, 잘 이해했습니다"라고 감정 요동없이 짧고 단오하게 말하면 상대방은 심리적으로 위축될 수밖에 없다.

절대 어떠한 일이 있어도 나의 패를 보여주면 안 된다. 비아냥 거리거나 노골적으로 화를 내는 사람들은 상대가 감정적으로 흔들려 그 약점을 잡아 제압하려고 기다리고 있다. 이 점을 꼭 기억하고 절대 그 페이스에 빨려 들어가지 않도록 해야 한다. 말을 시작하기 전 심호흡으로 다듬고 낮은 목소리 톤으로 천천히 차분하게 말해야 한다. 이렇게 반응하면 상대방의 흔들리는 눈빛을 보게 될 것이다.

내 삶의 주체는 나 자신이다. 누군가에 의해 휘둘리는 삶은 결코 건강하지 못하다. 그동안 나는 왜 지기만 했을까? '말 주변이 없어서' '못나서' 등 할 말을 해야 되는 상황에서 말 하지 못하고 끙끙 앓았는가?

이제 상대방이 말할 때 '핵심부터 파악하기' '침착하게 대응하기' '차분하게 반응하기' 3단계 연습을 통해 어떤 상황에서도 멋지고 폼 나게 이기시는 여러분이 되길 바란다.

나이스하게 거절하는 3단계 비법

- 부탁하는 상대방 상황 이해하고 공감해 주기
- 거절에 대한 구체적이고 진실된 이유와 미안함 표현하기
- 상황에 따라 대안을 제시해 준다.
- 부탁은 무조건 다 들어줘야 한다는 강박에서 벗어나기

05

참 오래 전에 필자는 한 직장동료에게 돈 부탁을 받은 적이 있다. 입사한 지 한달도 안 된 분이었는데 어느 날 퇴근길 필자에게 톡이 왔다. '부원장님, 저희 아버지가 외국에 계신데 치과 치료를 급하게 받으셔야 해서요… 죄송하지만 급한대로 100만 원만 빌려주실 수 있을까요? 제가 월급날 바로 갚겠습니다.'

무척 당황스러운 톡이 아닐 수 없었다. 나와 친분이 있는 것도 아니고 들어온 지 얼마 안 된 분이 이렇게 쉽게 돈 부탁을 한다는 게 참 의아스럽기도 했고 무례하단 생각이 들었기 때문이다.

사회생활을 하다 보면, 친한 친구 또는 주변 분들에게 부탁을 받을 일들이 생긴다. 부탁을 받게 되면 거절을 하고 싶어도 관계가 틀어질까 봐, 나에 대한 평판이 안 좋아질까 봐 쉽게 거절을 하지 못한다. 사람은 누구나 좋은 사람이고 싶어한다. 착한 사람 콤플렉스 심리에 단호하게 거절하기란 쉽지 않다. 만약 누군가에게 돈이나 업무 등 어떤 부담스러운 부탁을 받을 때 관계가 나빠지지 않게 거절을 잘 할 수 있는 방법이 있을까?

거절에도 센스가 필요하다. 부탁의 유형에 따라 매너있게 해야 할 때도 있고 단호하게 대처해야 될 때가 있다. 무례한 부탁의 경우는 어떠한가? 대부분의 사람들은 상대방을 존중하는 기본 마인드를 가지고 있다. 그렇기에 작은 부탁일지라도 쉽게 요청을 하지 않는다. 정말 피치 못할 사정으로 예를 들어 갑자기 지갑을 잃어버렸거나 사고를 당해 도움이 필요한 경우 등 정말 어쩔 수 없는 경우가 있을 수 있다.

얼마 전 배우 고현정씨가 길에 쓰러져 사람들에게 도움을 요청했다는 일화를 한 방송에서 말한 적이 있다. "저 고현정인데요. 저 좀 도와주세요." 때론 적극적으로 도와달라고 해야 될 때도 있다. 이런 경우는 누구나 도와줘야 한다. 당연한 일이다. 그러나 상대방을 존중하지 않는 부탁의 경우는 예외다.

필자에게 아버지 치과치료비용이 급하다고 말한 직원을 믿고 돈을 빌려줬지만 월급날이 되어서도 이 직원은 갚을 생각을 하지 않았다. 어렵게 말을 꺼냈더니 본인은 부원장님이 말하지 않아서 갚지 않았다고 말했다. 이 말을 듣고 참 무례하단 생각을 했다. 언제까지 갚으란 말로 단호하게 얘기해 그 돈을 돌려받을 수 있었다. 무척 어이없는 경험이었다. 이런 부류의 인간관계는 건강하게 끊어내는 것이 지혜가 될 수 있다. 자, 그럼 상대방이 기분 나빠하지 않게 거절하는 3단계 방법이 무엇인지 알아보자.

첫 번째 단계는 '상대방 상황에 대해 이해하고 공감해주기' 이다. 부탁을 받게 되면 당황스럽단 생각이 먼저 들어 무슨 말을 해야 할 지 참 난처하기만 하다. 죄책감에 마지못해 들어주거나 얼버무리다가 상대방의 관계만 안 좋게 흘러갈 수 있게 된다. 내가 들어줄 수 있는 상황이라면 바로 오케이 하면 그만이다. 그러나 이러한 상황이 아니라면 일단 상대의 말을 침착하게 경청한 후 그 상황에 대한 공감반응을 해 주는 것이 좋다. 내가 네 입장을 잘 이해했다는 의미이기 때문에 상대방도 자신의 부탁에 대해 깊이있게 생각하고 있다는 느낌을 받게 된다. 때로는 어떠한 문제가 발생했을 때 해결보다 상대방의 입장을 이해하고 공감해 주는 것만으로도 문제가 풀리는 경우가 있다.

어쩌면 부탁하는 입장도 여러 번 고민 끝에 어렵게 말을 꺼낸 것일 수 있다. 이렇게 부탁하는 데는 다 이유가 있다는 것을, 부탁받은 상대가 그 심정을 알아주는 것만으로도 큰 위로가 된다.

그 다음 두 번째 단계가 '거절에 대한 구체적인 이유와 미안함 표현하기'이다. 웬만한 철판 아니고서야 상대가 거절을 하는데 계속 들어달라고 하는 사람은 없다. 만약 정말 이런 경우라면 관계를 정리하는 편이 오히려 낫다. 아까 말했듯이 부탁과 거절은 둘 다 결코 쉬운 게 아니다. 어느 누구도 쉽게 하지 않는다는 것을 알아야 한다.

"~야, 내가 지금 아이들 학원비에 여유자금이 없는 상태야, 어쩌니~ 오죽하면 나한테까지 말했을까 싶어, 도와주지 못해 정말 마음이 무겁고 미안해."

거절을 하게 되면 정말 마음이 어렵다. 상식적인 사람이라면 이런 답변을 받았을 때 더 미안해하기 마련이다. 거절의 의사는 솔직하고 구체적으로 말하는 것이 좋다. 대충 말해서 오해를 사는 것보다 훨씬 낫다. 이 경우, 서로의 관계가 잠깐의 어색함이 있을 수는 있지만 관계가 틀어지지는 않는다.

마지막 단계는 '대안을 제시'하는 것이다. 대안 제시는 케이스 바이 케이스다. 상황에 따라서는 위 두 가지 단계로 끝내도 된다. 그러나 뭔가 한 단계 더 나아가야 되는 상황, 내가 해결해 주지는 못하지만 다른 해결책이 있다면 대안을 말해주는 것이 좋다.

영어 통역사로 일하는 한 지인 분이 번 아웃이 와 한 달간 휴가를 냈다고 필자에게 말한 적이 있다. 상사나 타 부서에서 간단한 번역과 통역을 부탁하는 일이 잦았다고 했다. 눈치도 보이고 통역 전문가가 본인 혼자이기 때문에 묵묵히 도와드렸지만 어느 순간부터는 자신이 호구가 된 비참한 기분이 들었다고 했다.

"제가 이번 주까지는 업무가 많아서 조금 곤란해요, 과장님, 근데 홍보팀에 한번 전화해 보시겠어요? 과장님께서 말씀하신 건이 홍보팀에서 기획 중에 있다고 부서 동기한테 들은 적 있습니다. 제가 동기한테 한번 확인해 보고 말씀드려도 될까요?"

실질적으로 본인은 거절했지만 대안을 제시해 준다면 나의 부탁을 들어주려고 노력하고 있구나 좋은 인상을 줄 수 있다.

상대방의 부탁은 무조건 다 들어주어야 한다는 강박에서 벗어나야 한다. 내가 부탁을 거절했다고 해서 그 사람 자체를 거부한 것이 아니란 점을 알아야 한다. 부탁은 들어줄 수도 있고 거절할 수도 있다. 상대방을 두 번 다시 보지 않을 게 아니라면 거절도 센스있게 하자. '어떠한 상황인지 이해하고 공감해주기' '구체적인 이유와 근거를 들어 거절하고 미안함을 표현하기' '다른 해결책이 있다면 대안제시해주기' 이 3단계를 통해 슬기롭게 거절에 대처하자.

이 세상에서 가장 소중한 존재는 나임을 잊지 말자. 내가 아니어도 상대방은 다른 사람에게도 부탁하고 해결할 수 있다는 점도 알아야 한다. 거절을 위해 거짓말을 하거나 억지로 들어줄 필요는 전혀 없다. 건강한 나의 삶을 위해서 거절도 연습이 필요하다!

스피치 달인들의 말 잘하는
진짜 비결은?

- 말하고자 하는 핵심주제가 명확해야 한다.
- 말을 잘 하기 위해서는 듣는 것을 잘 해야 한다.
- 눈빛, 제스처, 말투 등 자신감 있게 표현하기

어느 날 한 지인분과 스피치에 대한 대화를 나누게 되었다. 이분이 과거 대학교 선배님이 너무 말을 잘 해서 귀신에 홀린 듯 몰입하며 들었다고 한다. 그런데 막상 집에 와서 생각해 보니 별 말도 아닌데 되게 말 잘하는 사람으로 보였다는 게 신기했다고 했다. '뭐야, 개떡같이 말했는데 찰떡같이 알아들었잖아.' 이 생각을 하니 허탈했다고 말했다.

필자는 이 말에 한참을 웃었다. 그녀는 "아마도 선배님이 자신감 있는 말투와 확신에 찬 표정으로 말하는 모습에 매료됐던 것 같아요."라고 부연했다.

말 잘 하는 사람들은 어떤 자리 어떤 모임에 가든지 사람들에게 주목받고 인기가 많다. 우리나라 사람들은 말 훈련에 대해 학교에서 배워 본 적이 거의 없다. 그래서 그런지 나이가 들수록 말을 매끄럽게 잘 하는 사람들의 능력은 모든 사람들의 로망이기도 하다. 타고난 사람들도 있겠지만 대부분은 사교육의 도움을 받거나 뼈를 깎는 훈련을 통해 발전해 나간다. 이러니 당연히 극소수만이 말을 잘 하게 되고 이들의 몸값은 높아질 수밖에 없다.

이 분야 전문가로 활동하면서 알게 된 점은 스피치를 배우러 오는 사람들은 대부분 경제적 여유가 있어 삶의 질을 고민하는 분들이거나 어쩔 수 없이 스피치를 해야 되는 절박한 사람들만이 배우러 온다는 점이다. 어떤 이유든 자기계발을 하러 온다는 부분에서는 정말 대단하단 생각이 든다.

'말을 잘 하는 사람들' 즉 스피치 달인들은 어떤 특징이 있을까? 이들을 분석하고 아는 것은 매우 의미 있는 일이다. 내 삶에 적용해서 스피치 실력을 높일 수 있기 때문이다. 누구나 말을 잘 하고 싶어한다. 그러나 누구나 말을 잘 하기 위해 노력하진 않는다. 잘 하기 위해서는 힘든 훈련이 필요하고 습관으로 연결시켜야 발전할 수 있다. 그럼 몇 가지 특징들을 알아보도록 하자.

첫 번째, '말할 때 목적'이 명확하다. 말 잘 하는 사람들은 어떤 말을 해야 할지 핵심 주제가 정확하다. 그러다 보니 말의 방향이 엉뚱하게 새는 경우가 없다. 또 군더더기가 없고 간결하며 힘이 느껴진다.

많은 사람들이 말할 때 중심이 흐트러지는 이유가 있다. 말하고자 하는 핵심을 생각하며 말을 해야 하는데 '주저리 주저리' 말 하는데 의미를 두다 보니 삼천포로 빠지게 된다. '어찌저찌' 진땀 빼며 말을 했지만 이젠 마무리를 어떻게 해야 할지 매우 난감해진다.

결국 돌이킬 수 없는 강을 건너고 만다. 사람들의 따가운

시선, 자신의 초라한 모습에 더 이상 남들 앞에 서는 걸 꺼리게 되고 목소리도 기어들어가며 자신감이 떨어지게 된다. 말할 때는 자신이 무엇을 말하고자 하는지 핵심을 머리 앞에 두고 말해야 한다. 이 부분은 매우 중요한 부분이다.

필자의 경우는 문장의 길이에 신경을 쓰며 말한다. 이렇게 하면 호응어를 잊어버리지 않게 되고 매끄럽고 깔끔해진다. 간결하게 말할수록 상대방은 의미를 더 잘 알아듣게 되니 말 잘하는 사람처럼 느껴진다.

두 번째, 그들은 '뛰어난 경청가'들이다. 말을 잘 하는 사람들은 듣는 것을 매우 잘 한다. 왜 듣는 것이 중요할까? 상대방을 더 잘 파악할 수 있게 되고 그에 따른 적절한 반응으로 자신의 의견을 표현할 수 있어 대화의 수준을 높일 수 있다. 당연히 더 풍성하고 즐거운 대화를 할 수 있게 된다. 또한 상대방은 자신이 존중 받고 있다는 느낌을 갖게 되어 이들과의 대화를 더 선호하게 된다.

단, '내 말을 하기' 위한 경청이 아닌 진심 어린 경청의 자세가 중요하다. 당신의 말에 집중하고 있다는 표정과 시선, 그리고 더 깊은 대화를 이어주는 질문을 하면 좋다. "그렇게 생각하는 이유가 있으실까요?" "그 이야기를 좀 더 구체적으로 듣고 싶어요, 그래서 어떻게 되었습니까?" 상대방 말에 귀 기울이고

있다는 깊은 인상을 주기 때문에 경청이야 말로 최고의 화술이
될 수 있다.

　　세 번째, 이들은 '자신감'이 넘친다. 어떻게 자신감이 넘칠
수 있을까? 그 이유는 자신의 말에 확신이 있기 때문이다. 상대
방을 바라보는 눈빛, 제스처, 말투 등에서 그 에너지를 느끼게
된다. 서두에 지인분이 대학교 선배의 말에 몰입할 수 있었던
것도 자신감 있는 말투와 제스처에서 압도되었기 때문이다. 무
슨 말을 하든 뒤로 갈수록 흐지부지하지 않고 마지막까지 정확
하게 소리 내어 말하는 습관, 말끝을 날카롭고 급하게 끊듯이
말하지 않고 여유있게 마무리하는 것도 중요하다.

　　말끝을 흐리게 되면 겸손함보다는 자신감이 없게 느껴진
다. 그리고 상대방을 지긋이 바라보는 흔들리지 않는 시선에서
우리는 아우라를 느끼게 된다. 시선연습은 거울을 보면서 하면
좋다. 인형의 눈, 친구나 가족과 대화 시 신경 쓰며 말하는 것
도 효과적이다. 또, 중요한 핵심을 말할 때 적절한 제스처를 활
용하면 그 말의 뜻이 더 강력하게 전달된다.

　　다만 제스처가 너무 현란하거나 많으면 오히려 듣는 이들
을 피곤하게 할 수 있는 독이 되니 주의하자. 똑같은 제스처를
반복하기 보단 다양한 동작을 활용하면 좋다. 제스처를 취할
땐 키워드 첫 음절에 신속하게 취하고 마무리는 여유있게 끝맺

음하여 단정하고 깊이감 있게 연출하는 것이 포인트다.

　'언어의 한계는 세계의 한계다.'
　오스트리아 철학자 비트겐슈타인이 한 말이다. 어떤 말을
어떻게 하느냐에 따라 인간관계가 달라지고 나의 가치가 달라
짐을 잊지 말자.

인간관계 톱 티어인 사람은
말도 예쁘게 한다!

- 자신을 통제할 수 있는 방법은 나 자신에게 어떤 말을 주느냐에 달려있다.

- 말을 예쁘게 하면 인간관계가 좋아지고 좋은 인맥이 생긴다.

- 부정적인 말 되도록 최소화, 부드럽고 밝은 표정으로 대화하는 습관 길들이

'말을 예쁘게 하는 사람이 좋다!' 요즘 들어 이런 생각을 참 많이 하게 된다. 예쁘게 말한다는 것은 어떤 면에서는 가볍다고 생각할 수 있을 지도 모르겠다. 그러나 한편으로 생각해보면 말을 예쁘게 한다는 것은 상대방을 배려하는 마음, 센스, 자기 감정조절, 그리고 타인을 이해하는 공감능력이 뛰어나야 가능한 일이다.

얼마 전 필자는 갑작스럽게 부친상을 당한 지인을 만났다. 그는 마음이 착잡한지 대화를 하면서도 표정이 내내 굳어있었다. 얘기를 들어보니, 조문을 오신 분께서 "동생은 저렇게 우는데 언니는 눈물이 전혀 없네"라고 말했다는 것이다. 이 말을 들은 지인은 마음의 상처가 컸다고 한다. 그분과 함께 온 일행들도 옆에서 그 말을 다 듣고 있는 상황이라 더 속상했다고 말했다.

필자는 과거 애도상담 전문가와 대화했던 기억이 떠올랐다. 장례식장에서 사별한 가족이 울지 않는다고 해서 조문객들이 이상하다고 수군대는 경우가 더러 있는데, 사별가족들이 슬픔을 나타내지 않는다고해서 슬프지 않은게 아니라고 했다. 사람마다 슬픔의 기간과 표현이 다르다는 것이다.

"너 기분 나쁠까 봐 내가 말 안 했는데~" "걔가 겉으로만 그렇지 속은 착해" "지금부터 내 말, 오해하지 말고 들어요~"
우리 주변에 이렇게 말을 시작하는 사람들이 있다. 마치 챙겨
주는 것 같은 느낌을 준다. 그런데 가만히 생각해보면, 기분 나
빴고 걔는 착하지 않았으며 오해는 많이 되었다. 이쯤 되면 차
라리 직선적으로 말하는 것이 낫겠다 싶을 정도다. 상대방은
문제가 없고 모든 문제는 나한테 있고 나만 참아야 한다는 말
처럼 들린다. 말을 꼬아서 하는 사람, 퉁명스럽게 말하는 사람,
상대방을 깎아 내리는 사람 등 세상은 넓고 이상한 사람들은 참
많다.

　　요즘 같은 시대엔 상대방을 존중하고 공감해 주는 사람이
얼마나 귀한 지 예쁘게 말하는 사람을 찾기가 쉽지 않다. '말 한
마디에 천냥 빚 갚는다'는 옛 속담이 괜히 있는 게 아니다. 어딜
가나 인기가 많은 사람들은 상대방과 대화에 최선을 다한다.
대화 도중 핸드폰을 아무렇지도 않게 받는다거나 영혼 없는 반
응, 자신의 말만 하는 등 이런 행동을 하지 않는다. 상대방 말
을 잘 경청하고 공감하며 말을 끊지 않는다. 핸드폰 벨이 울릴
땐 바로 끄거나 양해를 구한다. 또, 질문을 통해 대화를 더 깊
이 있게 만들어 상대방이 존중 받고 있다는 느낌을 준다. 이런
세세한 매너가 몸에 배어있다. 사소한 것 같지만 인간관계에서
얼마나 중요한 지 우리는 경험을 통해 잘 알고 있다.

말을 예쁘게 하면 어떤 점이 좋을까? 당연히 나 자신에게 제일 좋다. 내 말을 제일 먼저 듣는 사람이 나 자신이기 때문이다. 필자는 아무리 화가 나도 확대해서 말하는 것을 경계하는 편이다. 화가 나는 일이 있어도 '조금'이란 표현으로 바꾸거나 '이 정도로 끝나서 다행이야'라고 긍정적으로 생각하려고 노력한다. 우리 뇌는 말에 반응하기 때문이다. 화는 화를 부른다. 자신을 좀 더 통제할 수 있는 방법은 자신에게 어떤 말을 주느냐에 달려있다. 두 번째로는 인간관계가 더 좋아진다.

우리는 친한 사이일수록 자신도 모르게 선을 넘을 때가 있다. 가족도 마찬가지다. 가족이라고 해서 서로에게 말을 함부로 해서는 안 된다. 나이 들수록 상처회복이 더 어렵다. 그래서인지 가족, 친척들과 의절하고 사는 사람들이 의외로 점점 많아지고 있다. 가까울수록 더 예의를 지켜야 한다. 마지막으로는 나를 더 성장하게 해 줄 뿐만 아니라 나의 주변에 좋은 사람들이 모인다. 힘든 일이 있어도 잘 헤쳐 나갈 수 있는 용기가 생기고 자존감도 올라간다. 또한 밝은 에너지를 발산하니 주변에 좋은 인맥들이 저절로 모이게 된다.

어떻게 말하느냐가 중요한 시대다. 자신이 말하는 스타일을 먼저 아는 게 중요하다. 주변 사람들에게 조언을 구해도 좋다. 부정적인 말을 많이 쓰는 편이라면 되도록 쓰지 않고, 딱딱

하게 말하는 편이라면 표정을 밝게 해 부드럽게 말하도록 노력
해 보자. 또 지인과 대화할 때는 내 말만 하려하지 말고 상대방
의 말을 집중해서 듣고 반응해보도록 노력해보자. 그렇게 하다
보면 얼마든지 자신의 말하는 습관을 조금씩 바꾸어 나갈 수 있
다. 평상시 쓰는 나의 말 습관이 자신의 인생을 결정짓는다는
점을 잊지 말자.

아우라가 있는 사람들의
특별한 공통점

- 감정기복이 크지 않아 쉽게 흥분하지 않는다.

- 깊이 있는 호흡으로 말할 때 속도는 천천히, 발음은 또박또박!

- 자신만의 삶에 동기부여를 줄 수 있는 건강한 루틴을 만들고 적용하자.

08

"저 배우는 아우라가 느껴져." "생각보다 저 사람은 아우라가 없던데." 요즘 '아우라'라는 말을 여러 매체나 사람들의 말 속에서 심심찮게 듣게 된다. '아우라'(aura)라는 말은 예술 작품에서 느껴지는 고상하고 독특한 분위기, 품위나 품격이라고 한다.(국어사전 참조) 사람들은 누구에게나 사회에서 인정받고 싶은 욕구가 강렬하다. 자발적으로 아웃사이더(outsider, 어떤 사회나 집단에서 스스로 다른 사람들과 어울리지 않는 사람)를 원하는 사람은 거의 없다.

이 글을 읽는 당신은 어떤 사람인가? 자신은 사회에서 인정받고 있다고 생각하는가? 아니면 늘 부족한 사람이라는 허기에 굶주려 있는가? 필자는 직업상 다양한 사람들을 만난다. 사연도 가지각색이다. 참 재미있는 것은 스피치를 배우러 오는 사람들은 단순히 스킬만 배우러 오는 게 아닌 경우가 많다. 그들과 깊이있게 상담을 하다 보면 스피치 스킬이라는 도구를 통해 자신의 상처받은 마음을 치유받고 싶은 사람들이 의외로 많다. 조직이나 모임에서 자신있게 말하고 싶은데 사람들의 시선에 주눅이 드는 경우, 자신의 말 습관에 대해 주변 사람들로부터 날카로운 지적을 받고 상처받는 이들도 있다. 친구들과의 대화를 아예 포기하고 혼자 고립된 삶을 살다가 부모에게 이끌려 마지못해 오는 경우도 있다.

하지만 본인의 의사와는 상관없이 모두의 이목을 집중시키는 매력적인 이들이 있다. 심지어 공들여 긴 말을 한 것도 아닌데 이들이 던지는 말 한 마디에 강한 에너지를 느끼기도 한다. 이런 부류의 사람들이 당신 주변에 있는가? 그렇다면 여러분은 발전 가능성이 있다.

사람은 자신과 비슷한 사람들과 어울리는 성향이 있다. 편하기 때문이다. 그러나 시간이 지날수록 자신이 정체되어 있고 전혀 나은 삶을 살지 못한다는 것을 깨닫게 된다. 배울 점이 있는 사람이 주변에 생겼다면 그 사람을 가까이하길 바란다. 아우라까지는 아니어도 여러분을 한 단계 발전시켜줄 사람이고 긍정적인 에너지로 삶에 동기부여를 해줄 수 있는 사람이기 때문이다. 그렇다면 아우라가 있는 사람들의 몇 가지 특징을 알아보자.

이 사람들은 감정기복이 크지 않아 쉽게 흥분하지 않는다. 말 할 때도 여유가 있다. 표정엔 늘 따뜻함과 온화함이 느껴지는 미소를 머금고 있다. 상대방의 당황스러운 질문에도 모임의 분위기를 해치지 않고 매너있게 대처하는 능력도 뛰어나다. 만약 상대방이 무례한 질문을 하더라도 쉽게 욱하지 않고 잠시 침묵을 유지한 후에 소신발언을 하기도 한다. 말의 속도도 빠르지 않아 발음도 또박또박 정확하게 들리며 심지어 깊이있는 호흡까지 느껴져 상대방이 집중하게 만든다. 어떻게 이 모든 것이 가능한 것일까?

    요즘 현대인들은 너무 지쳐 있다. 남들이 하는 것은 나도 해야 할 것 같아 그 속도에 따라가다 보면 가랑이가 찢어질 정도로 정신이 없다. 나만 뒤쳐지는 것 같아 조바심을 내고, 그러다 보면 우울감도 생긴다. 왜 바쁜지 모르게 그냥 바쁘게 살고 있는 것일지도 모르겠다. 아침에 눈을 뜨면 좀비처럼 직장에 나가 일하다가 퇴근 후엔 지친 몸을 침대에 눕힌다. 그렇게 또 하루가 흘러간다. 이런 삶에 과연 희망이란 것이 있을까 하는 의구심도 잠시, 다시 의미없는 바쁜 일상이 반복되곤 한다.

    삶에 건강한 루틴(Routine, 규칙적인 일상의 틀)을 적용해야 한다. 똑같은 하루인데 어떤 사람들에겐 매우 의미있고 가치있는 시간이 되는 반면, 어떤 이들에겐 그저 시간을 때우는 하루가 되기도 한다. 필자는 아침에 눈을 뜨자마자 간단한 스트레칭과 따뜻한 레몬수 한잔으로 아침을 출발한다. 하루 일과를 마친 후 저녁에는 운동으로 체력관리를 반드시 하고 있다. 이 루틴을 유지하다 보니 몸에 소중함을 더 깨닫게 되어 인스턴트 음식보다는 건강식에 더 신경을 쓰게 되고 피곤함이 없어지다 보니 표정은 더 밝아져 많은 사람들에게 좋은 에너지를 줄 수 있게 됐다. 자신만의 삶에 동기부여를 줄 수 있는 좋은 루틴을 만들

어야 한다. 건강한 취미활동이나 자기계발 등이 가장 접근하기
좋다.

　　지구상에서 내쫓아버렸으면 하는 상사나 주변 사람들, 그
리고 답답한 환경적인 요인들이 있을 수 있다. 하지만 이런 문
제들은 나 자신이 발전할 수 없는 이유가 되지는 않는다. 내 삶
에 건강한 변화를 주어야 한다. 주변 환경과 사람들은 당장 바
뀌지 않지만 좀 더 나은 사람이 되고자 하는 생각과 실천은 내
가 선택할 수 있다. 아우라가 있는 사람은 어떠한 환경 속에서
도 자신을 빛나게 만드는 법을 잘 알고 있다. 부러워만 하지 말
고 한 번뿐인 인생, 자신의 가치를 믿고 실천으로 옮겨 보길 바
란다.

공감의 말

세련미의 출발은 나만의
'아비투스' 실천부터

- 사람들은 나의 외적 이미지에서 내 능력을 평가한다.
- 깔끔한 위생상태, 자신과 잘 맞는 의상선택, 바른 자세, 운동 등을 통한
  자기관리는 신체자본의 매력도를 높여준다.
- 신체자본을 잘 관리하는 사람은 말도 예쁘게 한다.

과거 필자가 ○○호텔 면세점에서 수입품 담당으로 근무했을 때의 일이다. 어느 날 한 코스메틱 코너 앞에 서 있던 고객이 직원에게 클레임을 크게 건 일이 있었다. 여성고객은 이 코스메틱 직원이 자신을 이상하게 쳐다봐서 기분이 매우 나빴다고 했다. 다행스럽게도 감정 상한 부분에 대한 사과와 공감으로 문제는 빠르게 해결되었고 필자는 직원에게 어떻게 된 일인지 물었다. 그랬더니 실은 자신이 이 여성 고객분의 이미지가 너무 무서워서 쳐다볼 수밖에 없었다고 하소연했다. 모자도 검은색, 의상도 검은색, 심지어 입술도 검은색이었기 때문이다.

이 말을 듣고 한참을 웃었다. 필자도 이 고객과 대화하면서 영화『아담스 패밀리』에 나오는 아담스 아내(검은색으로 치장하기를 좋아하는 여자)가 연상되었기 때문이다. 온 몸을 명품으로 입었음에도 부티(부유하게 보이는 모습이나 태도)는커녕 특이한 모습을 하고 있으니 모두가 쳐다볼 수밖에 없었다.

누구나 고급스러움과 세련미를 꿈꾼다. 이런 이미지를 가지고 있으면 인간관계에 유리함을 잘 알고 있기 때문이다. 빠르게 좋은 이미지를 가지고 싶어서 큰 맘 먹고 비싼 명품백과 옷을 구입해서 입는 사람들도 있다. 얼마 전 한 까페에서 커피를 주문하는 남자를 무심코 보게 되었는데 한쪽 팔에 비싼 클러치백을 들고 있었다. 그런데 그 모습이 마치 일수가방 들고 있는 모습 같아서 그만 피식 웃고 말았다.

요즘 올드머니 룩(상류층 집안에서 많이 입는 분위기의 세련되고 품위가 느껴지는 스타일)이 대세다. 로고가 티 나지 않으면서 멋스러움을 자아내는 스타일이 유행하고 있다. 왜 사람들은 올드머니 룩에 열광하는 것일까? 좋은 원단, 깔끔한 재봉선, 화려하지 않은 컬러와 단아한 디자인이 그 사람을 고급스럽게 만들어 주기 때문이다. 성공적인 삶을 잘 살기 위해서는 나이 들수록 더 외모에 대한 투자가 중요하다고 많은 전문가들은 말한다.

'아비투스'(habitus)란 말을 들어본 적이 있는가? 이 용어는 프랑스 철학자 피에르 부르디외(Pierre Bourdieu)가 처음 제시한 개념으로 사회문화적 환경에 의해 결정되는 제2의 본성, 친숙한 사회 집단의 습속 습성 따위를 뜻하는 말이다.

『아비투스』란 책의 저자인 도리스 메르틴(Doris Martin, 잠재력, 성공, 커뮤니테이션과 같은 자기계발 분야의 전문가)은 타인과 나를 구별 짓는 인간의 태도와 습관, 취향이 아비투스라고 정의하고 있다. 또, 인간의 품격을 결정하는 7가지 자본으로 원하는 삶을 살 수 있다고 책의 저자는 말한다. 7가지 자본은 심리, 문화, 지식, 경제, 신체, 언어, 사회자본이다. 이 중에서 필자는 신체자본에 주목했다. 신체자본이란 말 자체가 좀 생소하기도 하다. 쉽게 말해 이미지도 자본의 영역이 된다는 의미다. 아름다움을 갖춘 사람과 그렇지 않은 사람 중 누가 더 유리한 출발선에 있을까를 생각해보면 쉽게 이해가 된다. 인간관계에서 가장 먼저 보는 것은 단연코 이미지다. 외모에서 풍기는 아우라는 많은 사람들에게 영향을 줄 수밖에 없다.

필자는 "스피치는 보여주는 것"이라고 말하곤 한다. 가장 먼저 어필되는 곳이 시각적 이미지이기 때문이다. 그러나 이 말이 외모만을 가꿔야 한다는 절대적 의미는 아니다. 성공의 핵심 키는 능력이기 때문이다. 재미있는 점은 성공의 기회를 얻기 위해서는 기업이나 고객의 마음을 사로잡아야 되는데 그들은 우리의 이미지를 먼저 보고 판단한다는 점이다. 나는 능력으로 승부할 수 있다고 생각하지만 나 외에 다른 사람들은 상대방의 이미지를 보고 그 능력을 먼저 판단한다니 신체자본의 영향은 너무도 크다고 볼 수 있다.

신체적 매력을 높이는 방법은 어렵지 않다. 푸석한 헤어와 어울리지 않는 낡은 옷들, 구부정한 자세와 이상한 냄새, 관리가 안 된 몸에서 우리는 매력을 느끼진 않는다. 물론 상대적인 개념이긴 하다. 그러나 깔끔한 위생상태, 내 체형에 잘 맞는 의상선택, 허리를 세워 바르게 앉은 모습, 운동을 통한 건강하고 밝은 에너지는 누가봐도 자기관리를 잘 하는 사람으로 보인다.

이런 모습에서 호감을 주게 되고 일을 맡겨도 성실히 잘 해 낼 거란 인상을 준다.

신체자본을 잘 관리하는 사람은 언어자본도 잘 관리한다. 기분이 좋아서 기분이 나빠서 욕을 감탄사처럼 쓰는 사람들이 있다. 이런 사람과 누가 함께 하고 싶을까? 말을 예쁘게 하는 사람들은 상대방을 잘 배려하고 마음의 여유도 있어 쉽게 화내지 않는다. 상대에게 적절한 조언도 잘 해 주기 때문에 늘 이들 주변엔 사람들이 많다.

외모를 잘 가꾼다는 것은 단순한 의미가 아니다. 사회에서 성공하기 위한 가장 좋은 지혜이자 첩경이다. 좋은 부모를 만난 금수저들, 게다가 유전자도 좋아 예쁘고 잘 생기기까지 한 사람들도 있다. 이들을 보면 한없이 부럽지 않던가? 그러나 세상엔 다양한 사람들이 존재한다. 인정하자. 대부분의 사람들은 노력에 의해 자신을 멋지게 만들어 간다. 매 순간의 나의 태도와 행동이 자본이다. 나만의 아비투스를 오늘부터 실천해보자.

긍정의 힘은 마인드 아닌 행동에서 나온다

- 긍정적인 행동을 통해 긍정적인 생각을 하게 되어 성공과 행복을 얻을 수 있다.

- 나의 삶에 놀라운 변화를 주고 싶다면 생각만 하지 말고 행동해라.

- 작은 계획이라도 세우고 바로 실천하자.

감정이 행동에 영향을 주는 것일까? 행동이 감정에 영향을 주는 것일까? 필자는 가끔 엉뚱한 생각에 빠지곤 한다. 이런 지적 호기심 발동은 나 자신을 통해 답을 찾아 헤매게 만들기도 한다.

얼마 전 필자의 모친이 위급한 상황이란 연락을 받고 급하게 인천으로 내려갔다. 긴 시간 응급실에서 대기하다 결국 가족들에게 맡기고 일산 집으로 돌아가는 새벽 길, 다행히도 모친을 중환자실로 옮기게 되었다는 소식을 듣게 되었다. 잠시후, 조용한 브금(BGM: Back Ground Music)을 검색해 볼륨을 높여 들으며 깊은 밤길 고속도로를 달렸다. 고요하고 차분한 음악이 필자의 감정을 더 센치하게(Sentimental) 해 주었을까? 아니면 센치해진 필자의 마음이 그 음악을 틀게 만들어 센치한 마음을 더 강화시켰을까?

유튜브 200만 구독자, 전 세계에 심리학 열풍을 불러일으킨 『괴짜심리학』의 저자 리처드 와이즈먼(Richard Wiseman) 허트포드셔 대학교 교수의 후속작인 『립잇업』(Rip it up)이란 책이 세간에 화제가 되고 있다. 그 이유는 그동안 수많은 유명 스타들과 공인들이 말해왔던 긍정적인 마인드가 성공과 행복의 중요한 열쇠라는 주장이 잘못되었다고 이 책을 통해 단언했기 때문이다. 긍정적인 마인드는 모두에게 다 적용될 수 없으며 특히, 우울증 환자에겐 매우 어려운 일이라고 말했다. 긍정적인 생각이 아니라 긍정적인 행동이 중요함을 리처드 와이즈먼 교수는 강조했다. 자신이 한 행동이 생각과 느낌을 결정하기 때문이다. 즉, 긍정적인 행동을 통해 긍정적인 생각을 하게 되고 성공과 행복의 공식이 성립될 수 있다.

우리는 누구나 멋진 사람, 매력적인 사람이 되고 싶어한다. 그런데 대부분은 말로만 말하고 그런 사람이 되고자 실천에 옮기는 사람들은 극소수다. 마치 답을 알고 있으면서도 귀차니즘(현상유지 편향)에 빠져 허우적대고 있는 꼴이다. 참 신기한 일이다. 그러니 자신이 한 말을 행동으로 옮겨 실천하는 사람들을 보면 당연히 멋져 보이고 매력적으로 보일 수밖에 없다. 행동으로 실천하는 태도는 큰 용기와 인내가 필요한 부분이다.

한 지인이 자신감이 넘치는 사람이 되고 싶다고 조언을 구한 적이 있다. 그 분께 먼저 자세부터 바꿀 것을 제안 드렸다. 늘 구부정한 자세로 앉아있는 모습이 가장 먼저 눈에 띄었기 때문이다. 허리를 펴고 앉은 자세는 당당함의 표현이다. 활기차 보이고 젊어 보이기까지 한다. 그러나 그 반대 자세는 우울한 사람처럼 보이고 소심해 보이며 나이들어 보여 매력도가 떨어져 보일 수밖에 없다. 또한 이 분의 경우, 매사 말할 때마다 고개를 아래로 떨어트리는 모습이 많았다. 우리가 무언가를 생각할 때 고개를 들거나 옆이나 아래로 시선이 갈 때가 있다. 이런 경우도 빈도수가 많으면 산만한 느낌을 주기도 한다. 그러나 절대하지 말아야 하는 자세는 고개를 밑으로 떨구는 행동이다. 이 모습도 또한 상대방이 보기에는 위축된 사람처럼 보이게 되어 결코 보기에 좋지 않다. 작은 행동 하나가 나의 내면을 반영할 때가 많다.

자신의 미래가 더 성공적이고 행복했으면 좋겠다는 생각은 온 인류가 모두 한다. 그러나 생각만 하고 실천하지 않으면 어떻게 성공을 거머쥘 수 있을까? 요즘 유튜브를 보면 돈이 들어오는 음악, 예뻐지는 음악 등 이런 영상들이 꽤 많이 보인다. 돈은 벌고 싶은데 편하게 집에 앉아서 음악만 들으면 돈이 걸어서 들어오는지 참 의문이다. 피부 주름을 없애 주는 주파수 음악도 있다. 음악만 듣고 주름이 펴질 수 있다면 얼마나 좋겠는가? 젊어지고 싶다는 생각이 들면 좋은 음식들과 운동을 병행하면서 행동에 옮겼을 때 그 효과가 나타나는 것이 상식이다. 그러면서 주파수 음악도 들으면 된다.

자신의 삶에 놀라운 변화를 불러오게 하고 싶은가? 예쁜 표정을 갖고 싶은가? 불어난 뱃살이 고민인가? 영어를 잘 했으면 좋겠단 생각을 하는가? 그렇다면 생각만 하지 말고 행동해라. 즐거운 일이 있어서 웃는 것이 아니라 웃어서 더 즐거워진다고 하지 않던가. 사람관계, 일, 돈 등 많은 부분에 대한 부푼 꿈을 가지고 있다면 지금 당장해야 할 것이 있다. 작은 계획이라도 세우고 바로 행동으로 옮기는 것이다. 지금 바로 말이다.

강하다 못해 '다이아몬드' 멘탈을 가지려면?

- 멘탈이 강한 사람들은 자신과의 약속을 잘 지킨다.
- 자신을 사랑하는 마음이 크기에 타인을 존중하되 그들의 판단에 휘둘리지 않는다.
- 목표를 이루겠다는 강한 신념을 가지고 있다.

기독교 찬양 곡 중에 "당신은 사랑받기 위해 태어난 사람 당신의 삶 속에서 그 사랑받고 있지요~." 우리가 한 번쯤 흥얼 거렸던 CCM(Contemporary Christian Music) 가사다. 이 노래 가사처럼 사람은 누구나 사랑받기 위해 태어났을지도 모르겠다. 정확한 건 신 만이 아시겠지만.

현실은 어떠한가? 사랑은커녕 주변 사람들에게 무시당하고 치이면서 마음의 상처만 커져가고, 절망하는 경험들이 쌓이다 보니 점점 위축되고 소심해진다. 나이가 들수록 그 세월만큼 여유있고 배운 것들이 있을 줄 알았지만 후회되는 부분이 내 삶의 99%는 되는 것 같다. 1%를 뺀 이유는 엄마 뱃속에 있었던 기간이다. 인생은 후회의 연속이고 죽음이 다가오는 미래가 자신을 더 절망스럽게 만든다.

'멘탈'(Mental)의 사전적 의미는 '생각하거나 판단하는 정신, 또는 정신세계'를 뜻한다. 지금 우리의 마음은 안녕한가? 얼마 전 미국의 유명작가이자 인플루언서가 한국을 방문한 후 "전 세계에서 가장 우울한 나라를 여행했다"는 제목의 영상을 올려 화제가 됐다. 『신경 끄기의 기술』이란 베스트셀러 작가이자 유명 유튜버이기도 한 마크 맨슨이 한 말이다. 그는 한국인들의 우울증과 자살률 증가가 그 이면을 잘 보여주고 있다고 근거를 제시했다.

이 유튜버의 말에 전적으로 공감한다. 급격한 경제성장, 물질만능주의가 부른 치열한 경쟁, 갑질, 피로감과 스트레스 누적 등 지금 우리는 번 아웃 직전까지 와 있다. 그도 그럴 것이 필자 주변인들 중 공황장애 경험담을 얘기하는 이들도 심심찮게 늘어났다. '이 지구상에 정신질환 환자가 아닌 사람들은 없다'고 말한 한 정신과 의사의 말이 생각난다. 미래에 대한 불안감, 타인의 판단에 휘둘리는 자신의 모습, 추락하는 자존감을 회복할 수 있는 지혜가 절실한 요즘이다.

겉으론 조용하면서도 내면이 단단한 사람들이 있다. 소위 '다이아몬드 멘탈'을 갖고 있는 이들을 분석해 보면 흥미진진한 부분들이 많다. 잘 벤치마킹한다면 자신의 삶을 좀 더 건강하고 주도적으로 이끄는 힘이 생길 거라 생각된다.

멘탈이 강한 사람들의 특징 중 하나가 '자신과의 약속을 잘 지킨다'는 점이다. 부모에 의해서 타인이 시켜서 결정된 목표가 아닌 자신이 결정한 목표에 성취를 느꼈을 때 자신감은 급상승한다. 작은 목표라도 직접 결정하고 이뤄냈을 때 자신이 얼마나 가치있고 괜찮은 사람인지 깨닫게 된다. 예를 들어 몸매관리를 위한 다이어트식단 실천, 토익 점수 올리기, 아침에 일찍 일어나 독서 등 자신의 발전을 위한 목표를 스스로 세우고 실천하는 것이다.

두 번째는 '내가 나를 사랑하는 마음'이다. 이런 사람들은 자신이 타인보다 더 소중하기 때문에 관심의 방향이 자신에게 향해 있다. 이기적인 마음과는 결이 다르다. 나 자신의 건강을 더 챙기게 되고 어제보다 나은 사람이 되기 위해 자기계발에도 진심이다. 그렇다 보니 타인의 말을 존중하되 그들의 판단기준에 크게 영향을 받지 않는다.

사자와 개가 만나면 개는 죽기 살기로 짖는다. 작은 놈일수록 더 발악을 한다. 상대가 두렵기 때문이다. 이건 인간세상도 똑같다. 강한 멘탈을 가진 사람은 굳이 개처럼 짖을 필요가 없다. 어딜가나 상대를 깎아내리고 허접한 힘을 과시해 자신을 높이려는 사람들이 있다. 베스트셀러인 성경에서도 개, 돼지 같은 인간이 배신의 아이콘으로 등장하지 않던가. 누군가 나에게 짖고 있다면 그저 가엾은 개, 돼지라고 생각하면 된다. 타인의 눈치에서 벗어나 온전히 나 자신의 목소리에 더 귀 기울이고 자신의 성장에 더 관심을 두게 되면 하고 싶은 말도 정확히 표현할 수 있게 되고 감정 컨트롤도 더 잘 할 수 있게 된다. 더 나아가 평정심을 유지해 어떠한 상황에서도 의연하게 대처할 수 있는 문제해결 능력을 갖추게 된다.

마지막으로 정말 중요한 게 있다. 이 두 가지를 습관으로 만들겠다는 '강한 신념'이다. 필자를 찾아온 분들 중 절박한 마음으로 트레이닝 받은 분들은 모두 다 눈부신 발전을 이뤄냈다. 최고 권력 대통령 앞에서, 생방송 방송카메라 앞에서, 수많은 대중들 앞에서 멋지게 스피치를 해 낸 이들의 특징은 반드시 이뤄 내겠다는 굳은 신념이었다.

포기만 하지 않으면 목표는 반드시 이루어짐을 필자도 수많은 경험을 통해 느꼈다. 때로는 외롭고 불안하고 자신이 초라하게 느껴질 때도 있다. 그러나 포기하지 않겠다는 태도가 나를 일으켜 세우고 끝내 해 내게 만든다. 쉽게 무너지지 않는 다이아몬드 멘탈은 이런 연단 없이는 절대 만들어지지 않는다. 과거 나를 짓눌렀던 부정적인 요소들이 있었다면 이것들을 오히려 성장의 자양분으로 삼길 바란다.

역경은 경력이 됨을 잊지 말자.

'스스로에게 힘이 되어주자'
셀프 피그말리온 효과

- 피그말리온 효과(Pygmalion Effect)란 심리학 용어로, 타인에 대한 기대가 긍정적일수록 그 결과가 기대이상으로 나올 때 주로 사용되는 말이다.

- 스스로의 자존감을 지키기 위해 나 자신에게 격려의 말을 해 주고, 자신을 더 행복하게 만들어 줄 수 있는 방법들을 적극적으로 찾아야 한다.

- 따뜻한 말 한마디는 먼저는 나를 위로해 주고 타인에게도 큰 힘이 된다.

12

피그말리온이란 말을 들어본 적이 있는가. 피그말리온은 그리스 신화에 등장하는 인물로, 키프로스 섬에 살고 있던 조각가였다. 나그네들을 박대한 키프로스의 여인들은 아프로디테의 저주를 받아 나그네들에게 몸을 파는 매춘행위를 일삼았고, 피그말리온은 그런 여인들을 혐오하며 독신으로 살았다. 어느 날 그는 혼신의 힘을 다해 상아로 아름다운 여인상을 조각했다. 피그말리온은 조각상에게 말을 걸기도 하고 선물을 사 주기도 하는 등 마치 살아있는 사람을 대하듯이 하면서 조각상과 점점 사랑에 빠지게 됐다. 급기야 이 조각상을 너무도 사랑한 나머지 자신의 아내로 맞이하고 싶었다. 그는 아프로디테 여신의 축제일에 여신에게 제물을 바치며 집에 있는 조각상이 진짜 여자로 변하게 해달라고 간절히 소원을 빌었다. 피그말리온의 기도에 감동한 여신은 상아 조각상을 사람으로 만들어 주었고, 그 둘은 자녀를 낳고 행복하게 살게 되었다.

자신이 만든 조각상을 사랑한 피그말리온의 신화에서 유래한 심리학 용어인 피그말리온 효과(Pygmalion Effect)는 타인에 대한 기대가 긍정적일수록 그 결과가 기대이상으로 나올 때 주로 사용되곤 한다. 오늘날에는 자신이 간절히 원하는 꿈과 목표를 향해 열심히 노력한다면 뭐든지 이뤄낼 수 있다는 현대식 해석으로 연결된다. 이 글을 읽는 독자들은 피그말리온 효과를 믿는가, 아니면 그저 신화에 나오는 허구이기에 이런 일은 절대 일어나지 않는다고 믿는가. 신은 과연 존재할까. 많은 사람들이 종교생활을 하며, 점집에 가고 무당을 찾는 것을 보면 어쩌면 신이 있는 것일지도 모른다. 굳이 신의 존재를 말할 필요는 없다. 자신이 올해 이루고자 하는 간절한 그 무엇이 있다는 것이 중요하다. 이 목표를 이루기 위해 계획을 짜고 실천하려는 의지가 필요하다. 그러나 이는 간단한 문제가 아니다. 혼자 힘으로 버거울 때도 있다. 그 때 의지할 수 있는 누군가의 관심과 격려의 말 한마디를 보태 줄 수 있는 존재가 있다면 아무리 힘들어도 더 열심히 헤쳐 나갈 수 있게 된다.

과거 필자는 수 개월 동안 언론사에서 사회부 기자로 활동했던 적이 있다. 한 경찰서 강력범죄 수사과에 눈도장을 찍을 겸 자주 왔다갔다 했었다. 어느 날 친해진 한 형사님이 모 시장 남동생의 사망 사건 관련 수사가 진행되고 있다고 귀띔해 주었다. 내 인생에서 처음으로 부검을 기다리는 시신 사진을 보았다. 여러 장의 사진을 보면서 마음 속으로 적잖이 충격을 받았다. 부검대에 뒤집어 놓은 사람의 몸이 네모난 찰흙처럼 눌려 있었다. '태어나서 사는 동안 찬란하고 아름다웠던 순간들이 있었을텐데 생을 이렇게 마감했구나'하는 생각이 들면서 안타까웠다. 극단적 선택을 선택하는 사람들의 심리를 보면 대인관계

문제를 비롯해 분노, 앙심, 충동 등 정서적 측면이 매우 높다. 대한민국의 자살률은 경제협력개발기구(OECD) 국가 중 최고를 기록하고 있다. 특히 노인 자살률보다 청년 자살률이 더 증가하고 있다. 사회적 실패로 불리는 극단적 선택. 많은 전문가들은 누군가 단 한 사람이라도 관심과 격려의 말을 해 주었더라면 그런 선택을 줄일 수 있다고 이구동성으로 말한다.

참 각박한 세상이다. 그러나 누구 탓만 하며 살 수도 없다. 남에게 기대어 위로 받을 수 없다면 스스로의 자존감을 지킬 수 있어야 한다. 나 자신에게 격려의 말을 해주고 자신을 더 행복하게 만들 수 있는 방법들을 적극적으로 찾아야 한다. 물론 주변에 도움을 요청할 수 있는 용기도 필요하다. 긍정적인 마인드로 자신에게 주는 격려 메시지가 바로 '셀프 피그말리온 효과'로 이어질 수 있다.

따뜻한 말 한마디가 큰 힘이 되는 사회다. 우리는 서로가 필요하고 함께 살아가야 행복하다. 얼마 전 주차 문제로 한 남자분이 필자에게 전화를 걸어 언성을 높이는 일이 있었다. 차가 지나갈 수 있게 좀 더 옆으로 빼 달라는 요청이었다. 그는 급히 달려온 필자에게 화가 가라앉지 않았는지 계속 분노를 쏟아냈다. 가만히 듣다가 어느 정도 진정이 된 듯하여 정말 죄송하다고 말씀드렸다. 그런데도 진정이 안 됐는지 그는 계속 투덜댔다. 이분의 감정이 이젠 누그러졌단 판단에 다시 한번 정중히 사과드렸다. 그제서야 자신이 너무 화를 냈다며 멋쩍은 표정으로 필자에게 사과를 했다. 아이러니하게도 이분의 핸드폰 컬러링은 '따뜻한 말 한마디가 서로에게 큰 힘이 됩니다'라는 메시지였다.

매년 새해가 시작되면 우린 스스로에게 '올해는 어떻게 살 것인가' 묻곤 한다. 서로에게 상처주는 말 하지 않기, 말하기 전에 한 번 더 생각하기, 내가 먼저 침착하기만 실천해도 사회는 더 건강해질 거라 생각한다. 차가운 현대사회에 온기를 주는 따뜻한 말 한마디, 지친 누군가의 삶에 빛이 되고 희망이 될 수 있음을 잊지 않길 바란다.

"내가 왕이 될 목소리인가?"
관상 못지않은 목소리 운(運)

- 복을 불러오는 목소리를 만들기 위해서는 복식호흡과 횡경막 강화훈련이 중요하다.

- 입안 가운데서 둥글게 발성하면 부드러운 소리를 낼 수 있다.

- 꾸준한 성대관리(물 수시로 먹기, 취침 시 수면용 테이프나 마스크 사용, 가습기로 습도유지, 목마사지, 소리 지르지 않기, 발표 전 목 스트레칭 또는 발성연습 등) 꾸준히 하자.

13

필자는 스피치 전문가로서 오랜 활동을 해왔다. 과거 수년 전 주역(周易, 유교의 경전 중 3경의 하나인 역경, 만물의 뜻을 규명하는 학문)때 문에 필자를 찾아온 사람이 두 명 있었다. 한 중년 남성분은 우연히 주역책을 접하면서 자신이 사업에 실패한 이유가 목소리 때문이라 했다. 다른 한 여성분은 주역공부를 위해 대학원에 다니면서 목소리 트레이닝을 받고 싶다고 찾아왔다. 그때 당시 주역학문을 잘 몰랐던 필자는 참 흥미롭단 생각을 했다.

주역 책은 매우 난해한 책이라 쉽게 풀어 쓴 책 여러 권을 읽어보니 천운(天運, 하늘이 정한 운명)을 얻기 위해서는 목소리 훈련이 매우 중요함을 강조하고 있었다. 공자가 평생을 공부했고, 아인슈타인은 죽을 때 머리맡에 주역책이 있었다는 유명한 일화도 있다.

고(故) 김대중 전 대통령도 주역학문에 매우 관심이 높았다고 알려져 있다. 웬만한 정치인들은 주역공부를 다 한다고 할 정도로 신뢰도가 매우 높은 학문임엔 틀림없다. 인복(人福)을 얻기 위해서는 자신의 목소리를 가꾸어야 한다는 내용이 나온다. 목소리는 인간의 영혼과 가장 가까운 곳에서 나오기 때문에 목소리가 훌륭하면 매력이 넘치고 복을 끌어당길 수 있다고 설명한다.(「돈보다 운을 벌어라」 김승호 저.)

필자를 찾아온 남성 분도 어느 날 동창 모임에 갔는데 고급 공무원인 동기의 목소리에 울림이 있고 너무 좋았기에 승승장

구할 수 있었던 거구나 무릎을 쳤다고 한다. 어쩌다 목소리가 이렇게 쉬게 되셨냐고 물으니 다급하고 욱하는 성격에 마음을 다스리지 못하고 소리를 지르는 일이 많다 보니 목소리가 많이 상해버렸다고 했다. 그러니 자신은 운도 없어지고 사업에 실패할 수밖에 없는 운명이 됐다고 하소연했다.

그냥 하루살이 인생처럼 되는대로 살아지는 삶을 사는 사람도 있다. 그러나 대부분은 멋진 자신의 인생을 위해 더 노력하며 살아가는 삶을 원할 거라고 생각한다. 그렇다면 어떻게 하면 '복(福)을 불러오는 목소리'를 가질 수 있는지 생각해 보자. 하루에 딱 10분간만 투자하면서 꾸준히 노력해 보면 분명 좋은 운을 끌어당기는 힘이 생길 거라 믿는다.

첫째, 복식호흡(배 호흡)과 횡경막(흉부와 복부를 나누는 경계가 되는 근육) 강화훈련이 정말 중요하다.

필자가 강조 또 강조하는 게 있다면 바로 복식호흡이다. 스피치에 있어서 호흡만 바르게 해도 반은 성공했다고 해도 과언이 아닐 정도다. 그만큼 중요하다. 울림이 있는 목욕탕 같은 좋은 목소리는 깊이 있는 호흡을 통해서만 가능하기 때문이다. 배에 공기를 가득 채운 후 아주 천천히 뱉는다. 뱉을 때는 "스~" 소리를 내면서(치아와 치아가 다물어진 상태) 천천히 호흡을 느끼면서 빼 준다. 긴 호흡을 가지고 싶다면 배에 채운 공기가 쉽게 빠지지 못하게 최대한 버틴다는 생각으로 잡아주며 "스~"소리를 내면 더 효과적이다.

횡경막은 우리 몸 안에 있는 가로 근육막이다. 폐에 공기가 찰 경우 그 밑에 있는 횡경막이 아래로 내려온다. 반대로 공기가 빠져나가면 위로 올라간다. 호흡을 채운 상태는 횡경막이 내려온 상태임으로 이 상태를 계속 유지하는 근육훈련을 한다면 안정적인 긴 호흡을 할 수 있게 된다.

둘째, 소리를 낼 때 입 안 가운데에서 둥글게 낸다. 발성을 할 때 목에 힘을 주게 되면 울리는 소리를 만들 수 없고 목에 힘이 들어가기 때문에 성대에 무리를 줄 수 있다.

목소리가 잘 쉬는 사람들, 피곤해하는 사람들의 특징 중 하나가 자신의 소리위치를 잘 몰라 목을 눌러 소리를 내는 경우가 원인일 수 있다. 간단한 방법으로 손가락을 입 안 가운데에 넣고 발성을 해 보자. 그럼 훨씬 더 소리가 편안하게 나갈 수 있게 된다. 검지손가락을 입 속 목젖 근처까지 넣은 후, "아~" 발성을 하게 되면 목도 편안하고 소리가 쭉 뻗어 나가는 것을 느끼게 된다.

손가락 넣는 것이 찝찝할 경우 "아~"소리를 낼 때 목을 좌우로 천천히 흔들며 발성하는 것도 도움이 된다. 한쪽으로 소리가 치우치지 않게 해주어 목에 힘주는 것을 예방할 수 있다.

마지막으로 성대관리다. 특히, 추운 겨울철, 보일러 온도를 높이면 입안이 쉽게 건조해지게 되어 성대에 무리가 올 수 있다.

입안은 늘 촉촉하게 해 주는 것이 중요하다. 만약 비염이나 축농증으로 입을 벌리는 습관이 있다면 낮에는 의식적으로 입을 닫으려고 노력해줘야 한다. 취침 시에는 수면용 입막음 테이프나 편한 마스크를 쓰고 자는 것도 도움이 된다. 또, 가습기를 통해 집안 습도를 유지하는 것은 건강에 매우 이롭다. 자기 전 또는 일어난 후, 성대가 좋아하는 물 한 컵 먹고 손아귀로 목 마사지를 부드럽게 해 주면 좋다. 해서는 안 되는 행위, 예를 들어 갑자기 소리를 지르는 경우, 노래방에서 장시간 노래를 부르는 경우 등 이는 목을 상하게 하고 노화가 빨라지는 지름길임을 잊어서는 안 된다.

발표 전엔 미리 목 스트레칭이나 발성연습을 한 후 소리를 내는 워밍업 작업도 센스있게 해 주면 매우 이롭다.

2024년 갑진년(甲辰年) 새해도 반이 지나고 있다. 지난해 어려운 환경 속에서도 이 모양 저 모양으로 모두가 열심히 잘 살아왔다.

올해는 또 어떤 일들이 펼쳐질까? 그토록 원하던 승진은 할 수 있을까? 좋은 사람과 만날 수 있을까? 결혼은 언제쯤 할까? 등 자신의 미래가 무척 궁금해 점집을 찾아가기도 하고 토정비결 앱을 다운받아 챙겨 보기도 한다.

비싼 돈 주고 점집에 가는 것보다 천운을 불러오는 '가성비 갑'인 자신만의 좋은 목소리를 만들어 대운이 터지는 한 해가 되길 바란다.

말더듬 고민?
'호흡+긍정+연습'이 해답

- 말더듬 증상을 완화하기 위해서는 깊이있는 호흡연습이 중요하다.

- 유독 버벅거리는 특정 발음이 있을 경우, 그 단어 위주로 반복해서 발음훈련을 하자.

- 여유와 긍정의 마음가짐을 갖도록 하자.

말을 더듬는 이들의 힘듦을 누가 알까? 스피치 전문가로 활동하는 필자에게 말 더듬 증상으로 고통을 호소하는 분들이 종종 찾아오곤 한다. 어릴 때 말더듬 현상은 자연스럽게 말을 배우는 과정에서 일시적으로 올 수 있지만 성인이 되어서도 지속된다면 이 부분은 개선을 할 수 있도록 해야 한다. 말더듬이란 특정 음절을 반복하거나 말이 막히는 현상을 말한다.

어느 날 필자에게 한 여성분이 찾아왔다. 이 분의 경우, 자신은 엄한 집안 분위기에서 자랐다고 했다. 아버지의 욱하고 급한 성격으로 인해 어릴 때부터 심리적인 압박도 컸다고한다. 가족 모두가 아버지의 불 같이 쏟아내는 말로 주눅이 들었고 급하게 말하다 보니 아버지도 말 버벅거림이 심했다고 회상했다. 병원도 가 보고 심리상담도 받아봤지만 나아지지 않았다고 호소했다. 자신의 말더듬 때문에 결혼해서도 남편 외에는 시댁식구들과 대화하는 걸 꺼리게 됐고 이로 인해 갈등도 생겼다고 말했다. 또, 회사에서도 전화가 오면 가슴이 두근거릴 정도로 콜포비아(Call Phobia: 통화공포증)도 심하다고 하소연 했다.

말더듬 증상에는 사람들마다 다양하다. 특히 첫 시작되는 발음, 예를 들어 '사사사사사장님…' '그그그그게요…' 등 말문이 막혀 첫 소리부터 버벅거리게 되는 경우가 흔한 증상이다.

중간발음을 더듬는 경우도 있고 특정 단어에서 더듬는 경우도 있다. 어찌됐든 이런 증상으로 인해 사회 생활까지 영향을 미치고 삶의 질이 떨어져 스트레스를 받는 경우가 많다. 어떻게 하면 이런 고민을 해결할 수 있을까?

말더듬 증상을 짧은 기간 완벽하게 해결할 수는 없다. 하지만 점차 완화시켜 나가면서 자신감을 회복해 좋아질 수 있는 방법 몇 가지가 있다.

먼저 깊이 있는 호흡이 중요하다. 호흡이 제대로 받쳐주지 않은 상태로 말을 급하게 하다 보면 버벅거림이 심해질 수 있다. 하고 싶은 말은 많은데 호흡이 들어가기도 전에 말을 하려 하니 부조화가 나타난다. 시작할 때 호흡을 먼저 아래로 내린 상태로 여유있게 출발해 보자. 급하게 말하는 모양새는 보기에도 좋지 않다. 오히려 천천히 첫 음절을 깊이있게 발화하면서 말을 하면 신중한 느낌도 주게 되고 발음도 또렷하게 전달할 수 있는 일석이조의 효과를 줄 수 있다.

두번째로는 원고를 반복해서 읽어야 한다. 연습만큼 중요한 게 없고 이보다 빠른 개선방법은 없다. 아까 말씀드린 필자에게 찾아온 여성분은 아침마다 일어나 '오늘은 더듬지 말아야지'하며 자신을 위로하며 출근한다고 한다. 그러나 어김없이 말을 더듬는다고 했다. 물론 나를 위로하고 용기를 주는 것은 매우 중요하다. 다만 근육훈련도 없이 생각만으로 뭔가 바뀌진 않는다. 실천이 중요하다. 매일 깊이있는 호흡으로 원고를 천천히 읽는 훈련을 반복해야 한다. 특정 발음에서 유독 말을 더듬었다면 그 단어 위주로 더 많이 발음훈련을 해서 그 언어에 자신감이 붙게 되어 점진적으로 완화시킬 수 있다. 말더듬 현상이 심한 분들이 특정 단어가 잘 안될 때 다른 단어로 대체하거나 회피하는 경향이 많다. 그러나 부딪혀 보면서 연습해야 한다. 필자도 같은 상황은 아니지만 몇몇 단어들 발음이 안돼 애를 먹은 적이 있었다. 이 발음들을 개선하기 위해 천천히 음절 하나하나 연습하며 발음을 개선했던 경험이 있다. 또한 안 되는 발음들은 첫 음절을 지긋이 누르는 느낌으로 발음을 해주거나 합성어인 경우, 살짝 분리하는 느낌으로 발음연습을 하면 왠만한 발음들은 다 자연스럽게 할 수 있게 된다. 예를 들어 "생산량"이란 단어를 연습할 때 "생산∨냥" 이렇게 발음연습을 하면 된다.

마지막으로 여유와 긍정의 마음가짐이 매우 중요하다. 예전에 한 대학생 수강생이 발표를 앞두고 필자를 찾아왔었다. 수업을 하다가 말더듬 증상이 있다고 말해 줬더니 오히려 괜찮다고 말하며 프레젠테이션 스피치 원고 읽는 훈련에만 더 몰두했다. 그는 'ㅇ'자음이 나오는 말들에 버벅거렸지만 오히려 이 발음을 하기 전 호흡을 넣는 것처럼 텀을 만들어 발음을 극복해 나갔다. 그 결과 고양시에서 주최했던 큰 봉사 발표대회에서 무사히 발표를 마칠 수 있었다. 되레 필자만 걱정했지 당사자는 개의치 않았다.

자신이 말을 더듬는다는 사실에 더 부정적인 감정에 매몰되어 악순환이 반복될 수 있다. 말 잘하는 사람 앞에서는 언어 열등의식을 가질 수 있어 더 스트레스를 받는다. '내가 문제가 있는 사람이구나'란 생각 보다는 좀 더 여유있고 긍정적인 마음가짐으로 말하기 연습에 더 집중하는 자세가 중요하다. 시간이 조금 더 걸릴뿐 포기하지 않는다면 안 되는 것은 없다.

건배사 울렁증?
이것만 알면 회식 스타 등극

- 이 세상에는 다 준비된 스피치만 있을 뿐, 즉흥 스피치는 없다.

- 모임 가기 전, 미리 준비하고 연습해 두면 어떤 자리에 가든 두렵지 않다.

- 간단한 공식(감사와 구호)으로 말하자.

- 인상적인 건배사를 하고 싶다면 나만의 에피소드로 말하자.

15

코로나 팬데믹이 휘몰아쳤던 지난 3년 동안은 회식이 없어 편한 점도 있었다. 어색한 자리, 늘 보는 사람 또 봐야 하나, 시간이 아까워서 등 다양한 이유로 회식자리가 부담되었던 것도 사실이기 때문이다. 그러나 앤데믹 시대로 접어들면서 언제 그랬냐는 듯이 다시 술자리와 회식문화가 빠르게 증가했다. 얼굴을 마주하며 함께하는 기쁨도 있지만 한편으론 부담도 커졌다. 참석도 부담인데 '건배사 제의가 들어오면 어떡하나' '할 말도 없는데 무슨 말을 해야 하나' 고민도 더해졌다. 연말 모임은 한 해를 마무리하면서 수고와 노력에 대한 축배의 장이다. 그렇기에 이 날의 건배사는 어떻게 하느냐에 따라 나에 대해 좋은 인상을 남길 수 있는 절호의 기회가 될 수도 있다.

건배사, 이왕 하는 김에 잘 하는 방법은 없을까? 고민 끝에 가장 먼저 인터넷을 찾아 요즘 유행하는 건배사를 찾아보기도 한다. 남들 하는 것을 따라해 보는 것은 말 못하는 것보다는 낫지만 신선하진 않다. 특히 삼행시나 연예인 이름으로 건배사를 하는 것처럼 유치한 것도 없다. 회식자리에 가는 발걸음은 무거워지고 건배사 한 마디씩 하라고 상사가 말하는 순간 머리는 복잡해진다. 기껏 인터넷 찾아 준비했는데 그걸 내 앞에 사람이 해 버리면 이 또한 낭패가 아닐 수 없다. 순서가 다가올수록 머릿속은 하얘지고 그 자리를 박차고 나가고 싶어진다. 절대 겹치지 않고 안전하게 준비할 수 있는 몇 가지를 알아보자.

먼저, 미리 준비하고 연습하자. 모든 사람들이 나를 주목하고 있다는 것만으로도 심장은 요동치기 마련이다. 그러니 할 말을 미리 연습해 두는 것이 가장 효과적이다. 필자가 늘 강조하는 말이 있다. 이 세상에 즉흥스피치는 없다는 것! 특히 말주변이 없는 사람들에겐 더더욱 말이다. 어떤 모임이든 내가 말할 자리가 아닐 지라도 할 말들을 준비하는 습관이 중요하다. 사회생활은 전쟁터다. 늘 자신만의 무기는 가지고 있어야 한다. 그래야 자신감있게 말할 수 있다. 버벅거리고 단어가 생각나지 않아 말 못하는 사람들도 원고를 준비하고 반복해서 말 연습을 하면 말 못하는 사람은 아무도 없다. 연습은 하면 할수록 자신감을 불러일으키기 때문이다.

두 번째로 간단한 공식에 대입해 말해보자. 건배사는 거창하고 길 필요가 전혀 없다. 건배사는 오히려 짧을수록 좋다. 가장 쉽게 감사와 건배구호면 끝! 이것만 잘 활용해도 그럴듯한 건배사가 될 수 있다. 남들처럼 잘하고 쉽고 튀고 싶다는 욕심에 억지로 웃기려고 애쓰다가 분위기 썰렁하게 만드는 것보다 낫다. 모임에 참석한 구성원들 한 사람 한사람에 대한 감사, 건배사를 제안해 주셔서 감사, 올 한 해에 대한 감사 등 의미있는 감사 멘트와 함께 구호를 외치면 된다. 그 흔한 "~위하여" "건배"라고 말해도 좋다. 자신감있게 하면 그만이다. 다만 구호를 외칠 때는 혼자 외쳐 술잔을 들고 있는 사람들을 뻘쭘하게 하면 안 된다. 모두가 질서있게 외칠 수 있게 선창해 주고 후창할 수 있도록 차례를 말해줘야 한다.

마지막으로 인상적인 건배사를 하고 싶다면 자신만의 에피소드를 넣어주자. 너무 길지 않은 범위내에서 자신의 이야기를 간단하게 말하는 것도 매우 효과적이다. "올 한 해가 저한테는 매우 의미있는 시간들이었습니다. 큰 아이가 좋은 신랑감을 만나 결혼을 하게 되었고 작은 아이가 대학에 못 갈 줄 알았는데 우여곡절 끝에 대학생이 되었기 때문입니다. 가족이 각자 열심히 잘 살아주니 제가 더 좋은 부모가 되어야겠다는 생각도 듭니다. 여러분들은 올 한 해가 어떠셨습니까? 정말 수고가 많으셨습니다. 모두가 자기 역할을 잘 해 주신 덕분에 회사가 더 잘 성장할 수 있었습니다. 다 여러분 덕분이라 생각합니다. 자, 그런 의미에서 제가 선창으로 '여러분'이라고 말하면 여러분은 '덕분입니다'라고 외치도록 하겠습니다. (선창) "여러분!" (후창) "덕분입니다!"

큰 모임이든 작은 모임이든 거창한 멘트를 해야 한다는 부담감은 내려놓자. 가장 중요한 것은 자신감을 갖고 말하는 것이다. 그러기 위해서는 준비가 필요하다. 멘트가 생각이 안나면 건배사 공식인 감사와 구호를 활용해 보거나 너무 길지 않은 진솔한 에피소드로 말을 한다면 훨씬 더 인상적인 건배사가 될 수 있다. 센스있는 건배사 준비로 여유있고 즐거운 모임이 되길 바란다.

나만의 매력적인 목소리,
바꿀 수 있다

- 목소리를 낼 때 옆으로 퍼지지 않게 소리를 모아서 앞으로 낸다.

- 말끝을 흐리지 않고 마지막 음절까지 정확하게 발음하는 습관이 중요하다.

- 소리가 위로 가지 않고 완만한 곡선을 그리듯이 내야 깔끔한 인상을 줄 수 있다.

삶의 질이 향상되면서 자신에 대한 관심도 매우 높아지고 있다. 더 많은 경쟁력을 갖추기 위해 자기계발에 투자하는 사람들도 늘어나고 있는 추세다. 요즘 핫한 인스타그램을 보면 여행, 건강, 몸매, 외국어 등 다양한 분야에 도전해서 자신의 멋진 모습을 공유하는 경우도 많다. 그러다 보니 외면뿐만 아니라 매력적인 목소리에 대한 관심이 어느 때보다 더 높아진 것도 사실이다.

말은 마음의 알갱이라고 한다. 인생을 멋지게 살아가는 사람들을 보면, 자신에게 긍정적인 언어로 삶의 가치를 의미 있게 만들어간다는 특징이 있다. 말은 그 사람의 정신과 사상이다. 또한 다른 사람들에게 큰 영향을 준다. 유리컵에 물이 반 정도 남아있는 모습을 보고 누군가는 "반이나 남았네"라고 말하지만 누군가는 "반 밖에 안 남았네"라고 말한다. 어려움이나 어떤 문제가 생겼을 때 어느 쪽이 더 지혜롭게 헤쳐 나갈 수 있을까? 말을 한다는 것은 가장 먼저 나 자신에게 제일 큰 영향을 준다는 것을 알아야 한다. 그렇기에 더더욱 긍정적인 언어가 우리 삶에는 필요한 에너지가 된다.

평범한 음식도 좋은 그릇에 담게 되면 고급음식이 되지 않던가? 자신의 말도 어떻게 전달하느냐 따라 말의 가치는 달라질 수 있다. 필자에게 스피치 상담받으러 오는 분들 중엔 말투에 대한 고민을 하는 경우가 많다. 특히 경상도 사투리 때문에 화났냐는 오해로 인간관계가 힘들다고 말하는 경우도 있다. 이런 경우를 빼고 대부분의 사람들은 자신의 말투가 상대방에게 불쾌감을 줄 수도 있다는 생각을 잘 못한다. 화법에 문제가 있다고 생각하지 말투가 문제라고 생각하지는 않는다. 스피치 상담할 때 말하는 모습을 동영상으로 찍어서 보여드리면 무척 놀라는 분들도 더러 있다.

수 개월을 투자하지 않고도 지금 바로 마음만 먹으면 목소리를 매력적으로 낼 수 있는 방법이 있다. 그럼 몇 가지에 대해 알아보자.

첫째, 목소리를 낼 때 소리가 옆으로 퍼지지 않게 모아서 앞으로 내도록 한다. 쉽게 말해 성악가처럼 소리를 둥글게 내는 방법이다. 예를 들어, '나는 학교에 갑니다'라는 말을 할 때, 소리와 호흡이 입 안 가운데에서 쭈욱 나갈 수 있게 발음하는 것이다. 이렇게 하면 발음이 옆으로 새는 것을 막을 수 있고 에너지를 가운데로 집중할 수 있어 발음이 또렷해지고 더 성숙된 목소리를 낼 수 있게 된다. '~와' '~과' '~왜' 등 특히 입 꼬리를 옆으로 벌리는 발음을 할 때 옆보다 앞쪽으로 소리를 내면 듣기

편해진다.

둘째, 말끝을 흐리지 않고 마지막 음절까지 정확하게 발음하는 습관이 중요하다. 최근 한 중소기업 대표가 중요한 선거를 앞두고 스피치 코칭을 의뢰했다. 이 분의 말습관을 분석하기 위해 촬영을 진행했다. 그 결과 화법은 뛰어났지만 말 속도가 매우 빠르고 말끝을 흐리는 특징이 두드러지게 나타났다. 질문을 하면, 말할 때 출발은 아주 씩씩하게 하다가 중간부터는 목소리가 점점 작아져서 귀를 쫑긋 세우고 듣지 않으면 뭐라고 했는지 알아듣기가 어려웠다. 왜 말끝을 흐리는지 물어봤더니, 남들이 다 아는 얘기라 판단되면 자신도 모르게 흐리는 습관이 생겼다고 했다. 소리를 낼 때는 문장이 끝날 때까지 볼륨을 유지할 수 있도록 해야 상대방이 쉽게 알아들을 수 있다. 말끝을 흐리게 되면 자신감이 떨어져 보이기도 하고 소통도 어려워진다. 만약 자신이 이런 습관이 있다면 이젠 정확하게 끝까지 발음하도록 해 보자. 예를들어, "부장님, 김과장이 하반기 실적보고가 미국 출장으로 이번주는 어렵고 다음주 월요일까지 가능하다고 연락 왔습니다." 이 말을 할 때 마침표까지 소리의 볼륨을 유지해서 발음하도록 연습하면 된다.

마지막으로 당분간은 소리를 위로 내지 않도록 해야 한다.

서울 말투는 평탄조다. 평탄조라고 해서 억양을 일자로 소리내는 것은 아니다. 직선에 가까운 완만한 곡선을 그리면서 소리를 내야 한다. 이렇게 소리를 내면 매우 깔끔한 인상을 줄 수 있다. 정확한 발음은 지적인 느낌을 주고 깔끔한 억양은 세련된 느낌을 준다. '은' '을' '가' 등 조사부분을 튀지않게 발음하면 듣는 상대방이 편안하고 정확하게 말의 뜻을 알아들을 수 있게 된다. "비가 자주 오니까 우산을 꼭 챙겨야 돼." 이 말을 할 때 '가' '까' '을' 이 부분 억양이 상승되지않게 전체적으로 완만하게 소리를 내면 좋다. 소리를 낼 때 손을 활용해 완만한 선을 그리면서 연습하면 더 효과적이다.

내면의 아름다움은 언어로 표현된다. 나만의 매력적인 목소리로 자신의 가치를 높여보자.

일 잘하는 사람은 말도 잘한다

- 자신의 포지션을 정확히 알고 일해야 한다.
- 정확한 언어표현은 일의 효율을 높여준다.
- 시간관리를 잘 해야 한다.

17

나는 일 잘 하는 사람일까? 아니면 일 못하는 사람일까? 한 번쯤은 이런 생각을 해 봤을 것이다. 필자는 대기업에서 근무하면서 일 잘 한다고 인정받는 사람들, 인사고과 A를 받는 사람들의 특징을 관찰해 본 적이 있다. 재미있는 사실은 일 좀 하는 사람들은 조용히 일을 한다는 점이다. 물론 조직이 클수록 사내정치가 곧 승진과 성과로 연결되는 경우가 종종 있다. 그러나 인정받는 사람들은 어느 조직, 어떤 프로젝트에 속하든 자신의 포지션을 정확히 알고 일의 우선순위에 따라 업무를 제시간 내에 잘 진행한다는 특징을 가지고 있다. 또한 여유롭게 일을 처리해 나가는 것도 특징이다. 다른 부서와 협업을 통해 진행되는 경우에 업무에 필요한 사람관계도 잘 해 두어 모든 일 처리를 완벽하게 소화해 낸다.

필자는 과거 일 잘한다는 소리를 별로 들어본 적이 없었다. 그러나 시간이 지나 업무를 잘 한다는 평가를 받기 시작했다. 처음부터 업무를 잘하는 사람은 많지 않다. 다 뼈를 깎는 고통과 경험, 노력에 의해 발전해 나간다. 필자도 후자인 셈이다. 회사는 일머리도 필요하고 적당한 정치도 필요한 곳이다. 이 두 마리의 토끼를 다 잡아야 하는 버거움도 있다. 만약 둘 중에 하나를 택해야 한다면, 무엇을 택하겠는가? 필자는 일 잘하는 쪽을 택하라고 말하고 싶다. 물론 둘 다 잘 하면 금상첨

화다. 그러나 신은 공평해서 그렇게 모든 일을 다 잘 할 수 있게 만들지 않았다. '저 사람 참 까칠한데 일은 잘해.' 주위 사람들로부터 이렇게 평가받는 이들이 있다. 회사는 성과가 중요한 곳이다. 일을 잘하면 인정받게 되고 그 결과는 높은 연봉이 말해준다. 솔직히 일 잘 하는 사람은 적당한 처세도 갖추고 있다. 그럼 거두절미하고 일 잘 하는 사람이 되려면 무엇을 잘 해야 될까.

첫째, 자신의 포지션을 정확히 알고 일해야 한다. 주변을 보면 업무분장을 해도 자신이 무엇부터 해야 할 지 몰라 헤매는 사람이 있다. 모르면 질문을 해야 하는데 질문도 하지 않는다. 자신의 위치와 역할을 아는 것은 매우 중요하다. 리더는 조직 전체를 이끌어가야 하기 때문에 동기부여를 하고 비전을 제시해야 한다. 중간 실무자들은 업무를 잘 파악해 성과로 이어질 수 있도록 구성원들과 잘 소통해 나가야 하고 신입들은 실무자들이 시키는 업무를 잘 보조할 수 있어야 한다. 이 점을 정확히 알고 일 해야 하는데 모르다 보니 뭔가 열심히 한 것 같은데 인정도 못 받고 조직에 민폐가 되고 만다. 필자는 한 친선모임의 리더로 활동하고 있다. 회원수가 점점 증가하게 되어 부리더에게 구성원 독려와 분위기를 띄워달라고 부탁했다. 이후 필자가 중요한 공지사항을 올리면 부리더가 제일 먼저 반응 댓글을 달고, 회비와 모임장소 섭외와 참여 독려 등 구성원들이 순조롭게 협조할 수 있게 이끌고 주고 있다. 리더의 입장에선 부리더가 든든할 수밖에 없고 계속 함께 일하고 싶은 사람이 될 수밖에 없다.

둘째, 정확한 언어표현은 일의 효율을 높여준다. 요즘 MBTI(Myers–Briggs Type Indicator · 마이어즈와 브릭스가 만든 유형 측정도구로 개인 성격특성을 16가지로 분류)가 MZ세대를 중심으로 대세이다 보니 자신을 소개할 때 MBTI유형으로 말하는 경우를 종종 본다. 필자는 어떤 한 분과 업무소통을 하면서 어려움을 겪은 적이 있다. 알고 보니 이분은 MBTI유형 중 F가 매우 높은 분이었다. 사람의 유형분류 중 T(Thinking · 사고)와 F(Feeling · 감성)는 의사결정 방식이 매우 다르다. T는 논리와 분석을 중요시하고 F는 감정과 가치판단을 중요시하다 보니 갈등이 생길 수 있다. 그러니 F는 T의 말하는 방식에 상처를 받기도 한다. 이 점을 알게 된 후부터 필자는 F인 이분과 업무를 진행할 때 칭찬과 격려로 소통했더니 효과가 있었다. 바쁘게 돌아가는 비즈니스 세계에서는 자신의 성향도 중요하지만 조직문화에 맞는 언어표현을 하려고 노력해야 한다. 업무회의를 한 후, 잘 기록해서 메일이나 소통 채널에 정리된 내용을 상사나 팀원들과 공유하면 일 잘 한다는 평가를 받을 수 있다. 상대가 상처받을까 돌려 말하는 애매모

호한 표현보다는 구체적이고 정확한 언어표현으로 업무 효율성을 높여야 한다.

마지막으로 시간관리를 잘 해야 한다. 그냥 바쁜 사람들이 있다. 너무 바빠서 엉뚱한 곳에서 삽질하는 사람들이 있다. 그러나 일 잘 하는 사람들은 바쁜 와중에도 마감시간을 잘 지켜 완벽하게 일 처리한다. 무슨 차이일까? 이유는 하나다. 시간관리를 잘 하기 때문이다. 이들은 지금 가장 먼저 처리해야 하는 업무가 무엇인지 잘 알고 일을 처리한다. 과거 필자가 여러 유관부서와 함께 협업으로 일을 한 적이 있다. 업무분장이 다 이뤄졌고 다들 모여 현 진행 상황을 체크하는 회의가 진행됐다. 그런데 한 과장님께서 자신이 너무 바빠서 일을 못했다고 당당하게 발언을 하는 것이 아닌가. 순간 모두가 눈치를 보며 회의 분위기는 썰렁해졌다. 그 후에도 늘 바쁘다는 핑계로 업무진행은 난항이었고 이분과의 업무에 모두가 난처해했다.

일머리는 너무나 중요하다. 무턱대고 열심과 매일 야근을 한다고 해서 일을 잘 하는 것이 아니다. 자신의 포지션을 잘 알고 조직의 언어로 빠르게 소통하며 시간관리를 잘 하는 인정받는 인재가 되길 바란다.

소통의 비밀

매력적인 사람은 ○○가 있다!

- 발음이 좋으면 지적인 느낌과 더불어 신뢰감을 높일 수 있다.

- 조급하게 말하지 않는 말의 속도에서 우아함과 세련미를 느낄 수 있다.

- 받침발음을 생략하거나 뭉개지지 않게 의식하며 발음하자.

- 입을 부지런히 움직이며 모음발음의 정확도를 높여야 한다.

과거 배우 김태우 씨가 발음에 대한 콤플렉스로 혀 수술을 받았다고 한 프로그램에서 고백한 적이 있다. 이를 보면서 '연기에 대한 열정이 대단하구나' 생각했지만 동시에 '왜 했을까?' 하는 의문도 들었다. 김태우 씨 본인도 혀 수술로 큰 효과를 보진 못했다고 말했다.

필자 사무실에 한 지역신문사에 종사하는 분이 영업을 위해 찾아왔다. 요지는 자신의 신문사에 광고를 실으면 홍보효과가 좋다는 내용이었다. 그런데 대화하는 동안 난감하기 짝이 없었다. 이 분이 말할 때 무슨 말인지 몰라 "이런 뜻인 거죠?"라고 되물으며 마치 외국어 해석하듯이 진땀을 흘려야 했기 때문이다. 내용 확인에 대한 질문을 이렇게 많이 해 본 적이 별로 없었던 것 같다. '발음교정 안 하면 영업이 정말 힘들텐데' 걱정이 될 정도였다.

정확한 발음은 소통에 있어서 너무도 중요하다. 발음이 좋으면 지적인 느낌과 더불어 신뢰감을 높일 수 있다. 그러나 발음이 뭉개지거나 어눌할 경우, 이미지에 타격을 주게 되고 상대방에 대한 믿음은 서서히 낮아지게 된다. 사투리가 심한 경우, 말끝을 흐리는 경우, 소리가 먹는 경우 등도 정확한 의사전달에 방해요소가 된다. 혀가 짧거나 치아교정 등 구조적인 문제가 아닌 이상에는 자신의 말 습관 때문일 수 있다.

바쁜 세상에서 생각도 마음도 빠르게 움직여야 사회에 적응할 수 있다 보니 조급함이 생긴다. 말도 빨리해야 기회가 왔을 때 할 말을 다 할 수 있고, 긴장 가득한 상황에서 말하다 보니 더 가속도가 붙어 발음이 생략되는 경우도 생긴다.

누구나 아나운서나 성우들과 같이 또박또박 잘 들리는 목소리를 갖고 싶어한다. 그러나 아이러니 하게도 정작 노력하는 사람은 아주 극소수에 불과하다. 이 글을 읽는 독자들 중 자신의 발음을 보다 더 정확한 발음으로 개선하고 싶다면 이 3가지를 꼭 연습해 볼 것을 권하고 싶다.

첫번째는 발음할 때 속도를 컨트롤해야 한다. 말 속도는 정말 중요하다. 조급하지 않게 말하는 모습에서 우아함과 세련미를 느끼게 해준다. 과거 우리나라에 신분제도가 있었을 당시를 생각해 보자, 양반이 느긋하게 하인에게 지시하며 여유를 부리는 모습이 떠오른다. 반면 하인은 주인의 말에 재빠르게 움직이며 분주하게 일한다. 말 속도가 빠르면 갑이 아닌 을의 느낌을 준다. 또, 가벼운 느낌과 더불어 발음에도 영향을 주어 의사소통이 매끄럽지 않게 된다. 발음이 안 되는 이유가 말 속도 때문은 아닌지 꼭 점검해야 한다.

두번째로 받침발음을 생략하지 않고 의식하며 발음연습을 해야 한다. 의외로 많은 분들이 받침을 생략하거나 잘못 발음하는 경우가 많다. 받침 중에 'ㄴ' 'ㅁ' 받침을 발음하는 경우의 예를 들어보자. '나는 학교에 갑니다'에서 '나는'을 '나느'로 발음하는 경우다. 또, '가뭄 등의 이상기후로'에서 '가뭉'으로 발음하기도 한다. 이는 조금만 신경써서 발음하면 얼마든지 정확하게 발음할 수 있다. 'ㄴ'으로 끝나는 발음, 예를들어 '그렇다면' '~했다면'에서 끝음인 'ㄴ'을 장음처리 하게 되면 발음이 흐리게 들릴 수 있으니 짧게 발음하면 더 좋다.

마지막으로 입을 부지런히 움직여 모음발음의 정확도를 높여야 한다. 자음은 혀의 위치에 영향을 주고 모음은 입의 모양에 영향을 받는다. 많은 사람들이 입술에 보톡스를 맞은 것처럼 거의 움직이지 않고 발음하는 경우가 있다. '아, 에, 이, 오, 우'의 모음을 발음할 때 입을 크게 벌려 연습하도록 하자. 반복해서 연습을 하다 보면 자연스럽게 모음발음이 정확해질 수 있다. 또 '와' '외' 등 이중모음 발음도 입술의 모양을 적극적으로 활용해 연습하는 것이 좋다. '전화'를 '저나', '참외'를 '차메'로 잘못 발음하지 않도록 주의하자. 정확한 발음은 전화는 '전화', 참외는 '차뫼', '차붸'다.

사람을 판단하는 기준에 있어 언행이 차지하는 비중은 크다. 가장 빠른 객관적인 근거가 되기 때문이다.

　　신언서판(身言書判)이란 말이 있다. 옛날에 사람됨을 평가할 때, 외모, 언변, 글씨, 판단력이 평가 기준이었는데 언변력은 그만큼 중요한 요소였다. 오늘날 소통능력은 사회에서 가장 중요한 요소인 만큼 정확한 발음을 통해 자신의 가치를 높이시길 바란다.

느리게 말하면 두 마리 토끼를 다 잡는 이유

- 교감신경은 사람을 흥분시키고, 부교감신경은 안정시키다.

- 호흡은 부교감 신경과 연관이 크기 때문에 복식호흡 훈련이 중요하다.

- 천천히 말하는 사람들은 신중한 느낌을 주고 안정감을 준다.

19

필자에게 찾아오는 사람들 중에는 급한 말투 때문에 고민을 토로하는 경우가 종종 있다. 빠르게 말하다 보면 왠지 쉽게 흥분하는 사람으로 여겨지고, 일 처리가 완벽하지 못할 것 같거나 가벼운 인상을 주기 십상이다. 급하게 말하는 습관은 듣는 상대방의 긴장감을 높여주고, 발음도 뭉개지는 경우가 많아서 소통에 장애가 되기도 한다. 상대방의 말을 끝까지 듣지 못해 말을 자르거나 호흡이 가팔라져 횡설수설해 언어 전달력이 약해질 수 있다. 호흡이 받쳐주지 않으니 말끝을 흐리게 되고 목소리 떨림 현상이 생길 수도 있다. 이런 현상들이 반복되면 사람들 앞에서 말하는 것이 두렵고 피하고 싶어진다. 더 나아가 사회생활에 지장을 주어 자신감도 떨어지게 된다.

　　사람의 몸에는 자율신경이라는 것이 있다. 자율신경이란 호흡, 순환, 소화 등 생명활동에 기본이 되는 중요한 역할을 하는 신경계를 말한다. 자율신경은 두 가지로 교감신경과 부교감신경으로 나뉜다. 교감신경은 쉽게 말하면, 사람을 흥분시키는 신경이고 부교감신경은 사람을 안정시키는 신경이다. 교감신경은 뭔가 중요한 작업을 할 때, 신중한 의사결정을 해야 할 때 등 긴장시키는 신경인데 장시간 흥분이 되면 좋지 않다. 반대로 부교감신경도 오랜 시간 강화되는 것은 좋지 않다. 교감신경과 부교감신경은 서로 시소처럼 한쪽이 높으면 다른 쪽이 낮아지기 때문에 서로 조화를 이뤘을 때 인간은 건강함을 유지할 수 있고 자신의 능력을 최대한 활용할 수 있게 된다.

장시간 스트레스를 받는다는 것은 교감신경이 강화되었다는 의미다. 반대로 부교감신경이 제 기능을 하지 못하고 있다는 의미이기도 하다. 교감신경만 강화되면 몸은 이상반응을 겪게 된다. 가장 흔한 증상이 심장이 빨리 뛰는 증상이다. 가슴이 두근거리는 증상은 교감신경이 매우 강화됐다는 증거다. 계속 지속된다면 면역력이 급격히 떨어져 많은 질병을 야기할 수도 있다. 감정흥분 상태가 되면 쉽게 짜증내거나 분노하기도 한다. 이런 경우, 부교감 신경을 빨리 활성화시킬 수 있도록 해야 한다. 부교감 신경은 이완과 안정의 역할을 하기 때문이다.

호흡은 부교감신경과 연관이 크다. 특히 숨을 내쉴 때 부교감신경은 강화된다. 요즘 현대인들이 명상이나 요가를 많이 하는데 이것 또한 부교감신경 활성화에 매우 좋다. 깊이 있는 호흡만으로도 충분히 말의 속도를 조절할 수 있고 내 몸 건강상태를 최적화할 수 있다.

말이 빨라 몹시 고민이 되는 분들은 심호흡, 즉 복식호흡을 적극 권장하고 싶다. 복식호흡은 배로 호흡하는 방법이다.

대부분의 사람들은 가슴으로 하는 흉식호흡을 한다. 흉식호흡은 호흡이 매우 얕고 약하기 때문에 목에 힘을 줄 수밖에 없다. 이는 근육을 긴장시키게 되고 목 건강에도 좋지 않다. 깊이있게 호흡을 하면서 천천히 말하는 습관을 길들여야 한다. 느리게 말하는 사람들을 보면 매우 신중한 느낌을 주고 안정감을 준다. 심지어 신비감을 주기도 한다. 급함에 익숙한 현대인들에게 있어 소통은 경쟁력이 될 수 있다. 그래서 노련한 정치인들은 말속도를 급하지 않고 천천히 하려고 매우 신경을 쓴다.

복식호흡을 하는 방법은 간단하고 어디서든 할 수 있다. 호흡을 배까지 깊이있게 넣고 내쉴 때는 오랫동안 천천히 내쉬면 된다. 이렇게 반복연습을 하다보면 가슴으로 했던 호흡을 배로 내릴 수 있고 부교감신경 강화에 도움이 된다. 복식호흡과 함께 말할 때 음절 하나하나 정성스럽게 발음하다 보면 전달력도 높아지고 교양있는 사람으로 비쳐지면서 1석 2조의 효과를 누릴 수 있게 된다.

상류층의 고급진 말투, 올드머니 스타일!

· 목소리 색깔보다 더 중요한 영향을 주는 요소는 말투다.

· 절제감을 주는 말의 속도와 억양에서 상대방은 귀티를 느끼게 된다.

· 상대방이 말을 못 알아들었다면 먼저 자신의 의사전달 방식을 점검해 봐야 한다.

20

최근 MZ세대를 중심으로 올드머니(Old Money)스타일이 각광받고 있다. 올드머니란 '집안 대대로 내려오는 자산을 상속받은 상류층'을 의미한다. 갑자기 떼돈을 벌어 잘살 게 된 신흥부자가 아닌 오랜 세월 집안 대대로 귀족적인 부를 누려온 이들을 말한다. 한국으로 치면, 삼성이나 현대와 같은 대기업 오너가의 로열패밀리라고 해야 할까? 이들은 좋은 집안에서 태어나 최고의 교육을 받으며 성장했고, 대중들의 관심과 사랑을 받고 있다. 패션 스타일도 누구나 다 아는 해외 명품브랜드 로고가 눈에 띄게 보이는 것 보다는 해외 상류층만이 공유하는 최고의 브랜드로 심플한 디자인의 보수적인 스타일을 선호한다. 로고가 티나지 않으면서 은근한 럭셔리를 추구하고 있는 것이다.

온 몸을 해외 명품브랜드로 휘어감아도 짝퉁으로 보이고, 손에 든 명품가방은 일수가방처럼 보이는 사람이 있는 반면 꾸미지 않은 듯하나 고급스러움을 주는 사람이 있다. 이는 어떤 이유에서일까. 대중들이 올드머니 스타일을 선호하는 이유는 간단하다. 부티(부유하게 보이는 모습이나 태도)가 아닌 귀티(귀하게 보이는 모습이나 태도)나는 사람이 되고 싶어서다. 의상만으로 귀티나는 사람이 되는 것은 어렵지 않다고 본다. 그러나 말투는 다른 문제다. 귀족들은 오랜 세월 철저한 자기관리를 배운다. 교양의 척도가 말의 품격에서 나온다는 것을 잘 알고 있기 때문이다.

옷차림은 올드머니 룩인데 입을 여는 순간 저속한 말들과 단정하지 못한 말투라면 상대방에게 비호감을 주게 된다. 애써 만든 이미지는 한순간에 무너지고 만다. 그러나 옷차림이 값비싼 것으로 치장하진 않았어도 단정하고 말의 품격이 있다면 생각이 달라진다. 오히려 더 멋져 보이고 검소한 인상과 함께 신뢰감을 준다.

목소리가 좋고 나쁨의 문제가 아니다. 말투(말을 하는 버릇이나 본새)가 단정한 사람들이 있다. 이들은 상대방에게 편안함과 신뢰감을 준다. 또, 상대방이 존중받고 있음을 느끼게 해준다. 말투가 단정한 사람들은 적절한 단어선택, 정확한 발음과 깔끔한 억양, 말의 속도가 빠르지 않다는 것이 특징이다. 여유가 있는 사람들은 말을 급하게 할 이유가 없다. 이미 다 갖추고 있기 때문이다. 상대의 말을 툭툭 자르고 자기 말만 하는 경우, 자신의 말을 하기 위해 상대방의 말을 듣는 척하는 경우, 급하고 흥분하며 말하다 보니 단어도 생각 안 나고 발음도 뭉개지는 사람들이 있다. 이런 경우, 고급스러운 느낌은 전혀 없다.

스피치를 가르치는 필자는 다양한 사연을 가진 사람들을 마주하게 된다. 그들 중에는 멋진 사람이 되고 싶다는 이유로 목소리를 바꿔달라고 찾아오는 분들이 있다. 소리의 울림을 통해 목소리의 질에 변화를 줄 수는 있지만 타고난 목소리 색깔은 바뀌지 않는다. 최근 한 중년남성은 자신이 좋아하는 공인을 언급하며 이 사람처럼 목소리를 똑같이 바꿔달라고 말했다. 마치 연예인처럼 성형을 해 달라고 말하는 격이다. 그러나 목소리의 색깔보다 더 중요한 영향을 주는 요소는 말투다. 절제감을 주는 말의 속도와 억양에서 상대방은 귀티를 느끼게 된다. 발음이 뭉개지는 사람들의 특징 중에 하나가 말하는 속도가 빠른 경우를 들 수 있다. 마치 누가 쫓아오기라도 하듯 가속도가 붙는다. 초집중을 하지 않는 이상 알아들을 수가 없다. 필자는 스피치 코칭 중 스스로 셀프 모니터링 할 것을 강조한다. 내 귀로 자신의 목소리를 들으면서 발음과 속도, 억양을 의식하며 말하다 보면 좀 더 정확하게 의사전달을 할 수 있고 더 나아가 단정한 느낌도 줄 수 있다.

얼마 전 필자가 한 중년 남성과 전화로 대화를 나누었는데, 이 분이 너무 빠른 속도로 말을 하다 보니 무슨 뜻인지 몰라 되물었다. "~란 뜻일까요?"라고 물었더니 "거 참 말귀를 못 알아듣네"라고 말하는 것이 아닌가? 말을 급하게 하는 사람들의 또 다른 특징은 주어나 목적어를 생략하는 경향이 있다. 마치 자신만의 언어로 말하고 있음에도 상대방이 알아듣지 못한다며 핀잔을 준다. 소통할 때 상대방이 말을 못 알아들었다면, 먼저 자신의 의사전달 방식을 점검해 봐야 한다. 말의 속도와 발음과 더불어 중요한 주어나 목적어를 생략하고 말하진 않았는지, 횡설수설하진 않았는지 등을 좀 더 신경 써야 한다. 평상시 대화할 때 상대방이 "~를 했다는 거야?" "무슨 뜻이야" 등의 알쏭달쏭한 반응을 했다면 자신의 말하는 습관에 문제가 있는 건 아닌지 점검해봐야 한다.

올드머니 룩의 멋진 모습에 고급스러운 말투까지 더해진다면 그야말로 최고의 품격 아닐까? 지금의 대세는 부티보단 귀티다. 올 하반기부터는 자신의 말투를 올드머니 스타일로 업그레이드해 보면 어떨까.

갑질 상사에게 똑똑하게
복수하려면?

- 상사가 소리지를 때 감정 드러내지 말고 업무 관련 대화만!

- 날 싫다는데 굳이 잘 보이려 쓸데없는 시간 낭비하지 말기

- 상대방이 무슨 말 하든 마음 속으로 '반사' 외치면 그만!

- 감정을 드러낼수록 약점이 될 수 있으니 조심!

일본의 한 회사가 '상사 선택제'를 도입해 세간의 주목을 받고 있다. 일본 홋카이도 삿포로시에 있는 사쿠라 구조라는 설계회사이다. 2006년 설립돼 빌딩·아파트 등 건물 내진 설계를 전문으로 하는 이 회사에는 현재 100여명의 직원이 근무하고 있다. 이 회사에는 『반장 매뉴얼』이란 것이 있는데, 이 책자엔 반장(반의 책임자)이 자신의 업무스타일을 소개한 표가 있다고 한다. 직원들이 이것을 보고 상사를 직접 선택해 근무하는 제도다. '상사 선택제'가 시작되기 전엔 이직률이 11.3%였지만, 제도가 시작된 뒤 이직률은 점점 내려갔고 현재는 0%라고 한다.

회사를 그만두고 싶은 순간은 언제인가? 이 질문에 '업무가 힘들어서'라고 답하는 사람보다 '직속 상사 때문에'라고 말하는 사람이 더 많을 것이다. 사회생활을 잘 하려면 상사에게 잘 보여야 된다는 것을 모르는 사람이 있을까. '상사 선택제'가 도입된다면 얼마나 좋을까. 지금 당장 우리 회사에도 이런 제도가 있었으면 하는 바람이 이 기사를 읽는 순간 생겼을지도 모르겠다. 그러나 상사를 바꾸기는커녕 당장 내일 상사가 나를 바꿀까 봐 눈치 보며 직장생활해야 하는 게 우리의 현실이다.

사회에서 어떤 사람이 되고 싶은지 질문하면 대부분의 사람들은 '능력있고 모두에게 인정받는 사람', 그래서 '돈도 많이 벌 수 있는 사람'이 되고 싶다고 대답할 것이다. 당연한 대답이 아닌가 싶다. 그런데 이유없이 나를 미워하는 상사, 나를 만만하게 보고 함부로 대하는 사람이 있다면 정말 괴롭고 직장생활 하루하루가 지옥이 된다. 정도의 차이는 있겠지만, 이는 꼭 직장뿐만 아니라 사회생활에서 언제든지 일어날 수 있는 일이다. 사람은 누구나 모두에게 인정받고 싶은 욕구가 있다. 직장에서는 상사에게 더 잘 보이고 싶고, 더 기대에 부응하는 사람이 되고 싶어한다. 특히 나를 불편하게 만드는 사람에겐 더욱 더 이런 심리가 발동한다. 나를 괴롭게 하는 이에게 더 잘 하려고 노력하지만 상대방은 나를 힘들게 하는 짓을 멈추지 않는다. 나의 직무능력을 평가하는 상사를 바꿀 수도 없고, 그렇다고 직장을 관둘 수도 없다. 어떻게 하면 나를 만만하게 보는 이들의 공격을 멈추게 할 수 있을까.

첫째, 감정을 드러내지 말아야 한다. 과거 필자에게도 참 특별한 상사가 있었다. 그는 유치하게도 늘 딸 자랑과 명품 옷에 집착했다. 그런 상사에게 잘 보이기 위해 모두가 명품가방을 사야 했고 업무시간엔 듣고 싶지 않은 딸 자랑얘기를 계속 들어야 했다. 또 다른 상사는 감정 컨트롤이 잘 안되는 분이었다. 어느 날 자신의 감정을 주체 못하고 그날도 직원들 앞에서 소리를 지르다가 그만 쓰러지고 말았다. 이런 두 명의 상사를 모시면서 가장 중요한 것은 나의 감정을 필요 이상으로 드러내지 않는 것을 배웠다. 업무적인 대화 이외의 사적인 대화는 하지 않았다. 소리를 자주 지르는 상사와의 대화에선 더욱 감정을 절제하며 업무에 필요한 말 외엔 하지 않았다. 이런 유형의 사람들은 상대방의 말에 어떡하든 꼬투리를 잡는다. 일을 잘해도, (일을) 못해도 마찬가지다. 내가 회사를 관둘 생각이 없다면 이런 유형의 상사와는 사적인 대화나 필요 이상의 응대를 하지 않고 업무에 집중하는 것이 더 효율적이다.

둘째, 그럴수록 더 자신에게 투자해야 한다. 모든 사람이 나를 좋아할 거란 생각은 버려야 한다. 간혹 이유없이 싫고 불편한 사람이 있게 마련이다. 상대방도 마찬가지다. 시쳇말로 코드가 잘 맞는 사람이 있고, 그렇지 못한 사람이 있다. 상대방이 나를 그냥 싫다는데 굳이 더 잘 보이려고 쓸데없는 시간 낭비하지 말자. 차라리 그 시간에 업무능력을 더 키우든지 자기관리에 힘쓰는 게 훨씬 유익하다. 사회 생활은 능력이다. 능력이 좋으면 모든 게 해결된다. 상대방 보다 내가 더 잘난 사람이 되는 것이다. 업무에 필요한 지식과 능력을 더 키워야 한다. 회사에 그 상사 한 명만 있는 것은 아니다. 그 상사도 그 위 상사의 눈치를 보며 직장생활하는 사람에 불과하다. 모두에게 더 매너있게 행동하고 멋지게 실력 발휘를 한다면 그 위 상사 또는 동료들로부터 좋은 평을 받을 수 있고 결국 함부로 할 수 없는 사람이 된다.

마지막으로 무시하거나 침묵하라. 상대성이론으로 유명한 물리학자 알버트 아인슈타인은 "약한 자는 복수한다. 강한 자는 용서한다. 똑똑한 자는 무시한다"는 명언을 남겼다.

용서가 도저히 안된다면 무시해 버려라. 어디든지 말이 안 통하는 사람, 즉 소통이 안되는 사람은 있게 마련이다. 사회생활은 뱀처럼 똑똑해야 살아남을 수 있다. 말이 안 통하는 사람에게 굳이 시간투자하면서 좋은 사람이라는 것을 호소할 필요는 없다. 상대방이 무슨 말을 하든 마음 속으로 '반사'를 외치면 그만이다. 때론 침묵이 더 무서울 수 있다. 내가 감정을 드러내면 드러낼수록 약점이 될 수 있다는 것을 간과해서는 안 된다. 내가 침묵할수록 상대방은 공격의 실마리를 찾지 못해 안절부절할 것이다.

'똥이 무서워 피하나 더러워서 피하지'란 속담이 있다. 그저 그 상황을, 오늘을 즐기면 된다. 창대한 내일은 금방 온다.

매력적인 사람은
백 트래킹을 잘 한다

- 모든 리액션에는 진정성이 바탕이 되어야 효력 발휘!

- 긍정적 백 트래킹은, 상대의 말에 몰입하며 끄덕, 적당한 취임새와
  함께 핵심단어를 사용해 반응했을 때 가능!

- 상대방을 존중하는 마음이 있을 때 백 트래킹 효과 Up!

직장에서, 또는 모임에서 매력을 발산하는 사람들이 있다. 이들이 말할 때 모두가 귀를 기울이고 신뢰와 호감을 한 몸에 받는다. 반대로 사주에 현침살(바늘이 매달려 있다는 의미로 타인의 기분을 나쁘게 하는 독설하는 살)이 있는 것도 아니고 그런 의도로 한 말도 아닌데 상대방이 오해를 하거나 기분 나쁘다는 피드백을 듣는 경우도 있다. 당연히 사람들 사이에서 기피대상이 되어 버린다. 같은 하늘아래 살면서 특별히 나보다 잘난 것도 아닌데 쟤는 되고 나는 안 되는 이유가 무엇일까?'

인기 프로그램 『tvN SNL코리아』에서 가수 신성우가 출연해 개그맨 유병재에게 연애비법을 알려주는 에피소드가 방송된 적이 있다. 신성우가 여성에게 접근하는 방법에 대해 훈수를 두며 자신이 하는 것을 잘 보라고 얘기한다. 그리고 여자에게 다가가 말을 건넨다.

"혼자 오셨어요?" "저 남자친구 있어요."

"남자친구 있어요?" "네."

"네?" "죄송해요."

"죄송해요?" "왜 그러세요?"

"왜 그러세요?" "무서워요."

"무서워요?" "살려주세요."

"살려주세요?"

여자의 말을 다 따라하며 호감을 표현하려 했던 신성우의 의도와는 다르게 여자가 공포에 떨게 되면서 바(Bar) 직원들에게 둘 다 쫓겨난다는 내용이었다. 상대방의 말을 그대로 다 따라 하면 여자가 매력을 느끼게 될 거라 착각했던 것이다.

백 트래킹(Back Tracking)이란 말이 있다. 영어사전에서 '(방금 왔던 길을) 되짚어가는 것'을 뜻하는 말로 커뮤니케이션에서 공감 기법으로 활용되는 용어이기도 하다. 각박한 현대사회에서 공 감 능력이란 매우 중요한 역량 중에 하나다. 그러다 보니 사회 에서 취업면접볼 때 공감능력이 어느 정도 되는지 질문을 통 해 평가하기도 한다. 여러 소통관련 책들을 보면 경청을 잘 하 기 위해서는 상대방의 감정을 이해한다는 반응이 매우 중요함 을 가르친다. 그게 바로 공감기법이다. 그러나 부작용이 있기 도 하다. 마치 수학공식처럼 대입해서 말하다 보니 부자연스럽 고 앵무새가 영혼 없는 멘트를 날리는 것처럼 들릴 때도 있다. 마치 신성우가 여자의 말에 서툴게 반응했던 것처럼 말이다.

모든 리액션(반응)에는 진정성이 바탕이 되어야 한다. 그랬 을 때 내가 한 공감표현이 상대방에게 위로가 되고 신뢰감을 느 끼게 해준다. 백 트래킹은 잘 사용하다 보면 자신만의 언어 스 타일이 되고 그 사람의 인품이 된다. '내가 당신의 말에 귀 기 울이고 있어요'란 신호는 따뜻한 눈빛에서, 적당한 속도의 끄덕임, 상황에 맞는 맞장구와 함께 백 트래킹을 했을 때 상대가 존중받았다는 것을 느끼게 해 준다. 사람들 중에는 다양한 언어 습관이 있는 유형들이 있다. 우리 주변을 한번 살펴보자. 침묵으로 듣고 있음을 반응하는 사람이 있고, "어, 어, 어~" 추임새로만 경청을 표현하는 유형도 있다. 그리고 지나친 오버반응으로 말하는 사람의 멘탈을 흔들어 말을 까먹게 만들어 버리는 유형도 있고 잘 듣기는 하는데 부정적으로 반응하는 경우도 있다. 이 모든 유형의 사람들은 말하는 이의 자존감을 떨어트려 '이 사람에게 괜히 말했구나' 후회하게 만든다. 이 중에 여러분도 포함이 되어 있는지 잘 생각해 봐야 한다.

공감능력은 상대방의 감정을 잘 헤아려 진실된 소통이 가능하게 하고 더 나아가 서로를 치유해 건강한 사회를 만든다. 그래서 진정성 있는 백 트래킹 기법은 많은 유익함이 있다. 상대방이 말을 할 때, 모든 말을 다 똑같이 따라하는 것이 아니다. 상대의 말에 내가 몰입하며 잘 듣고 있다는 신호로 끄덕이며 "아, 음, 이야, 그래? 오~, 어머나…" 등 적당한 취임새와 함께 그 말의 핵심단어를 사용하여 반응하면 된다. 예를 들면 이런 식이다. "나 넷플릭스에서 눈물의 여왕 봤어." "우와, 그래? 요즘 눈물의 여왕 엄청 화제던데, 재밌었어?" "오늘 부장님께서 결재보고서가 이게 뭐냐고 한 소리하셨어요." "부장님께서? 결재보고서 때문에? (한숨) 이대리 많이 힘들었겠네. 요즘 김 부장님, 상무님 실에 다녀온 이후로 예민해지신 것 같아."

그런데 백 트래킹을 부정적으로 사용하게 되면 소통이 아니라 불통이 되어버린다. "나 오늘 영화봤어." "영화? 요즘 같은 시기에 영화? 시간이 많은가 봐, 재밌었어?" "차장님, 오늘은 업무가 너무 밀려서… 내일 출장경비 정리해서 올려도 되겠습니까?" "출장경비를 내일 보고하겠다고? 누가보면 이대리만 열심히 일하는 줄 알겠어."

서점에 가면 다양한 처세관련 책들이 쌓여 있다. 그러나 가장 중요한 것은 상대방에 대해 존중하는 마음이 밑바탕에 깔려 있을 때 모든 소통공식들은 효력을 발휘한다. 타인에 대한 무관심, 이기적인 마음을 품고 있는데 어떻게 진정한 소통이 될 수 있을까? 그동안 소통이 잘 안된다고 느꼈다면 나는 어떤 마음의 태도로 상대방을 대했는지 먼저 생각해 보는 건 어떨까.

"녹취 당하고 있다~"
문자소통 시대로 회귀

- '…' 이 기호를 많이 쓰게 되면 매우 난처하고 소심하다는 인상을 준다.

- 상황에 따라 적절한 말의 질과 양으로 소통하자.

- 이모티콘 남발이 친근감이 아닌 오히려 독이 될 수 있다.

- 메시지를 보내기 전 한 번 더 체크하는 습관을 갖자.

23

전화공포증에 관한 흥미로운 설문조사가 있다. 잡코리아와 알바몬이 성인남녀 1037명을 대상으로 콜 포비아(전화로 음성 통화를 하는 것에 두려움을 느끼는 증세) 현황 조사를 실시한 결과, 전화 공포증을 느끼고 있다고 답한 비율이 46%로 나타났다고 한다. '콜 포비아'를 겪고 있다고 답한 대학생 그룹은 47.3%, 직장인 그룹은 44.8%로 대학생 그룹이 조금 더 높게 집계됐다. 전화를 꺼리는 이유에 대해서 1위는 메신저 앱, 문자 의사소통이 익숙해서(49.2%), 2위는 말 실수를 할까 봐(35.5%), 3위는 말을 잘 못해서(28.4%)였다고 한다.

상대방에게 전화를 걸었는데 답변이 문자로 왔던 경험이 있는가. 필자는 과거 한 후배에게 업무상 전화를 걸었는데 통화는 안 되고 잠시 후 문자로 답변을 받은 경험이 있다. 처음엔 '이 반응은 뭐지? 나와 대화하기 싫다는 것일까?'라고 잠시 생각했다. 그런데 막상 만나면 상냥하게 대화도 잘 해서 내가 오해를 했구나 생각했다. 그러나 그 다음에도 문서 요청 건으로 통화시도를 했는데 (전화를)받지 않아 혹시나 하고 카톡을 보냈더니 바로 읽음표시가 떴다. 그리고 곧 내게 필요한 파일을 보냈다. 나중에 이 후배가 전화 공포증이 있다는 것을 알게 됐다.

최근 들어 콜 포비아 증세가 더 증가하고 있다고 한다. 그 이유는 무엇일까? 전문가들은 비대면 소통이 일상화된 것이 가장 주된 원인이라고 말한다.

코로나19 팬데믹(세계적 대유행)을 겪으면서 비대면 채널 소통은 빠르게 증가했다. 음식 주문, 화상회의, 인터넷 위주 쇼핑 등 모든 일상이 바뀌다 보니 SNS를 활용하는 것이 더 편해졌다. 전화벨이 울리면 심장이 쿵 내려앉는 경험을 하거나 심지어 받는 것을 망설인다면 콜 포비아를 의심해 볼 수 있다. 콜 포비아 현상에 대해 '예의가 아니니 고쳐야 돼'가 아닌 이해하고 공감하는 사람들이 더 많아졌다. 이제 텍스트(문자) 소통이 더 중요한 시대에 살고 있다는 뜻이다.

인간은 감정의 동물이다. 자신의 상황에 따라 그냥 넘어가도 될 일을 예민하게 받아들이기도 하고 오해를 하기도 한다. 요즘처럼 텍스트 소통시대에 '글투'(글에 나타나는 특징적인 버릇)로 인해 신뢰문제까지 야기할 수 있어 자신의 글투는 어떠한 지 점검해 볼 필요가 있겠다.

텍스트 소통은 빠르고 멀티 태스킹(다중 작업)이 가능하다는 편리함이 있다. 관계의 어려움을 호소하는 사람들에게 더없이 편리한 도구다. 그런데 텍스트는 감정전달에 있어 한계가 있다. 정제되지 않은 문자로 인해 불필요한 오해가 생기기도 하니 더 주의해야 한다.

　　텍스트 소통 시 '…'을 유독 많이 사용하는 사람들이 있다. 이 기호를 많이 쓰게 되면 매우 난처하고 소심하다는 인상을 준다. 정확한 감정해석이 안 되다 보니 메시지에 혼란과 답답함을 주기도 한다. '…'은 필요한 상황 외에는 되도록 줄이는 것이 좋다. 또한 긴 문장에 아주 짧게만 반응하는 경우도 있다. 수신자의 입장에서는 성의가 없다는 느낌을 받을 수 있다.

　　말에도 질과 양이 존재함을 알아야 한다. 똑같이 길 필요는 없겠지만 매번 짧게만 반응하면 상대방을 무시하는 인상을 줄 수 있으니 주의하자. 상황에 따라 적절한 양으로 소통하는 것이 좋다. 텍스트 소통의 문제는 감정전달에 불완전성인데 이 문제를 해결하기 위해 이모티콘을 마구 남발하는 경우도 있다. 이럴 경우 받는 입장에서 압도당하는 느낌도 들고 반대로 조롱받는다는 느낌을 받을 수도 있다. 뭐든지 과유불급임을 생각해봐야 한다.

　　지금은 텍스트 소통시대다. 서로의 글투로 인해 오히려 스트레스가 가중되지 않도록 메시지를 보낼 때 바로 보내지 말고 자신이 쓴 문자가 상대방에게 어떻게 읽힐 지 한 번 더 생각해보고 보내는 습관이 매우 중요하겠다.

　　우리는 이 글이 나를 존중하고 있는지 무시하고 있는지 느낌으로 다 안다. 메시지를 쓰고 있는 자신의 감정도 다시 한번 생각해 보고 문자 소통해야 하는 이유다. 중요한 일일수록 직접 만나서 서로의 눈을 보고 호흡을 느끼면서 소통하는 태도가 더 필요하다.

국민 5천명 중 44%
"평소에 욕설을 사용한다"

- 말은 마음의 알갱이라 내 마음이 상대방에게 그대로 전달!

- 좋은 언어습관으로 바꾸겠다는 마음가짐이 중요!

- 긍정적인 언어를 많이 쓰는 사람의 뇌는 우리 몸을 건강하고 아름답게 만들어 준다.

24

"함부로 말하는 사람 어떻게 생각하세요?" 이런 질문을 하면 "그러면 안 되죠." 너무도 진지한 표정으로 남 얘기하듯 사람들은 말한다. 그런데 실은 우리가 알게 모르게 비속어를 사용할 때가 많다는 사실 아는가? 영국 여행 전문 사이트인 『저스트 더 플라이트』에서 전 세계에서 가장 기괴한 욕 20가지를 게재했다. 재미있는 사실은 거기에 대한민국도 있다. 대한민국의 기괴한 욕은 'X 새끼'였다. 한국인들이 가장 친근하게 쓰는 비속어 중에 하나가 아닐까 싶다. 정치인들도 거친말을 고의든 아니든 쓸 때가 참 많다. 또, 서로 품위를 손상시켰다며 명예훼손죄로 고소하기도 한다. 거친 말을 일부러 해서 자신을 돋보이게 하는 사람들도 있겠지만 습관적으로 사용하다 보니 자연스럽게 나오는 경우가 더 많지 않을까 싶다.

국립국어원이 전국 20대이상 70대 미만 남녀 5,000명을 대상으로 시행한 '국민의 언어 의식 조사'에서 응답자의 44.4%가 '욕설 또는 비속어를 자주 혹은 가끔 사용한다'고 답했다. 욕설·비속어를 사용한 이유로는 44.1%가 '기분이 나쁠 때 그것을 표현하기 위해서', 21.8%가 '습관적으로', 20.6%가 '친근감을 주기 때문'이라고 응답했다.

욕의 긍정적인 부분도 분명히 있다. 애 낳는 순간 얼마나 고통스러운지 소리 지르며 욕하는 산모들도 꽤 있다. 통증이 심할 때 욕을 하면 아픈 정도가 조금 덜한 느낌을 주기도 한다는 이유다. 예전 유명가수 이효리 씨가 무대 긴장감을 어떻게 해소하느냐는 리포터 질문에 "저는 그냥 욕해요"라고 말해 화제가 됐었다. 욕하는 것이 일시적 스트레스 완화에도 도움이 된다는 연구결과도 있다고 하니 그럴듯한 말인 것 같다.

언어는 아무리 순간적인 말이라 해도 그 사람의 성격, 가치관이 평상시 언어로 표현된 것으로 결국 자신의 인격과 연결되어 있다. 말은 마음의 알갱이라 내 마음이 상대방에게 그대로 전달이 된다. 지나가는 말로 무심코 뱉은 말이 결국은 자신의 마음을 반영한 말인 셈이다. 내 주변 사람들은 내가 평상시 쓰는 언어로 나의 가치를 판단한다는 것을 알아야 한다. 한 어린아이와 엄마가 길을 걸어가는데 아이 엄마가 핸드폰을 하면서 걷다가 딸이 안아달라고 보채니 "이 씨, 잠시만 있어봐, 엄마 다했어"라고 말하는 모습을 본 적이 있다. 엄마의 표정과 언어는 아이의 몸과 마음에 그대로 입혀져 아이의 정서에 영향을 준다.

나 자신을 위해서라도 나쁜 언어습관은 되도록 바꾸는 것이 좋다. 제일 중요한 것은 좋은 언어를 써야겠다는 마음가짐의 변화에서부터 출발한다. 매일 아침 출근 전 거울 앞에서의 다짐만으로도 좋은 언어습관의 계기가 될 수 있다. 내 가족 또는 가까운 사람들에게 쓰는 언어는 사회에서 만난 사람들에게 쓰는 언어의 습관으로 연결된다. 나의 이미지를 좋게 만들고 싶다면 가까운 사람들과 가족들에게 좋은 언어를 쓰려고 노력해야 한다. 말의 에너지는 다시 나에게 돌아오는 성질이 있음으로 자신을 더 긍정적이고 매력적인 사람으로 변화시켜준다. 어느새 주변에 사람들이 모이게 되고 결국 자신의 언어의 습관은 사회적 성공을 부르게 된다.

일본 국립 생리학 연구소의 사다 토 노리히로 교수팀은 피실험자들을 두 집단으로 나누어 뒤죽박죽인 단어를 하나의 문장으로 만들라는 과제를 주었는데 절반은 '공격적' '무례한' '침입하다' 등의 단어들을 흩어놓은 질문지를, 다른 절반에게는 '공손한' '양보하다' '예의 바른' 등의 단어가 여기저기 흩어져 있는 질문지를 제시했다. 한 명당 5분 정도의 테스트가 끝나면 복도를 지나 다른 연구실에 있는 실험 진행자에게 가서 다음 과제를 받으라고 지시했다. 하지만 그 방에서는 다른 학생(사실은 실험요원)이 실험 진행자에게 이런저런 질문을 하여 피실험자들을 마냥 기다리게 만들었다. 한 학기 동안 진행된 실험의 결과는 놀라웠다. '무례'에 노출됐던 그룹은 5분 정도 지나자 대화에 끼어

들었다. 하지만 '공손한' 언어에 노출됐던 그룹은 82%가 제한 시간인 10분간 대화를 방해하지 않았다.('우리의 뇌는 현실과 언어·단어·생각을 구분할 능력이 없다' 글 참조)

우리가 어떤 언어에 더 많이 노출되어 살아가느냐는 우리 삶에 매우 중요한 영향을 준다. 내 입에서 험한 말이 많이 나가게 되는 순간 우리 뇌도 나를 형편없는 사람 거친 삶으로 인도하게 되고 긍정적인 언어를 많이 쓰는 사람의 뇌는 우리 몸을 건강하고 아름답게 만들어 준다는 사실이다.

'말 한마디로 천 냥 빚 갚는다는 말'이 있듯이 좋은 언어, 긍정언어를 많이 사용하는 것은 결국 자기 자신을 위한 일이다.

언어 폭력은 가장 질 나쁜 범죄, 고마움을 알아야 사람

- 서로의 입장을 생각하고 배려하는 마음이 언어로 연결됐을 때 건강한 인간관계의 시작!
- 고마움과 감사함 등의 긍정언어는 엄청난 힘을 발휘!
- 내 입에서 나가는 말이 사람을 살리기도 하고 죽이기도 한다는 사실 명심!

25

과거 국가수사본부 본부장에 임명된 OOO변호사가 아들 학폭(학교폭력)논란에 부정적인 여론이 확산되자 결국 하루만에 사의를 표명했던 해프닝이 있었다. 자녀 문제도 매우 심각한 수준인데 '부모 찬스'까지 사용해 적반하장의 모습을 보여줬다는 것이 많은 국민을 분노케 했다.

학폭위(학교 폭력 대책심의 위원회) 조사과정에서 아들의 반성 없는 태도와 성의 없는 사과문 작성도 학폭 위원들의 질타를 받았다. 그런데 학폭위 처분이 억울하다며 아들의 모친은 강원도 학생 징계조정 위원회에 재심을 청구했고, 부친인 변호사는 아들의 법정 대리인을 변호사 동기에게 소송 대리인을 맡게 해 피해자를 상대로 법적 대응을 했다는 것이 더 큰 논란이 됐었다. 1심, 2심, 대법원까지 항소했고 모두 기각됐다.

결국 시간끌기에 성공해 변호사 아들은 전학해 명문대에 진학했지만, 피해자는 학폭 후유증으로 극단적인 선택을 시도했고 지금도 정신적 고통에 시달리고 있다. 여야 정치권에서조차 비판의 목소리가 커지자, ㅇㅇㅇ변호사의 국가수사 본부장에 대한 임명은 전격 취소되었다.

언폭(언어폭력)은 정말 죄질이 나쁜 최악의 범죄다. 물리적 범죄를 교묘히 피해 언어적 고통을 줌으로써 상대방에게 심리적 정신적 물질적 폭력을 행사하기 때문이다.

유명인의 자녀 혹은 아이돌 스타들이 학폭 가해자로 지목돼 언론을 뜨겁게 달구는 일들이 비일비재하다. 보도되지 않은 수많은 학폭 사건을 감안한다면 지금도 엄청나게 많을 것이다. 더 큰 문제는 가해자들이나 동조자들이 자신의 가족과 지인의 부와 권력을 이용해 피해자를 신고하지도 못하게 더 고립시키고 괴롭히는데 있다.

○○○변호사 임명취소 사건은 넷플릭스 드라마 『더 글로리』에 비교할 정도로 많은 사람들에게 엄청난 충격을 안겨준 것도 사실이다.

비단 청소년들뿐만 아니라 성인들도 사회에서 언폭을 당하는 경우가 많다. 양육강식의 세상에 살고 있는 우리에게 어쩌면 당연한 것일지도 모르겠다. 그러나 바뀌어야 한다.

누구나 따뜻한 세상, 사람살기 좋은 세상을 원하면서 정작 남들이 해 주길 바란다면 이 사회가 변할 수 있겠는가? 나부터 바뀌어야 한다. 내 자신을 지키고 내 가정을 지키면 그것 자체가 사회를 변화시킬 수 있는 힘이 된다. 몸만 크고 정작 자신의 내면은 돌보지 못한 사람들이 어찌 성숙된 사고를 할 수 있을까? 내면도 함께 조화롭게 성장한 어른이 되어야 한다.

매일매일 자신과의 싸움에서 이길 수 있는 지혜 중 하나가 서로의 입장을 생각하고 배려하는 마음이다. 그 마음이 언어로 연결됐을 때 진짜 건강한 인간관계가 시작된다. 긍정의 말은 엄청난 힘을 발휘한다. 누군가 나를 이해해주는 단 한 사람이라도 있다면 험난한 세상, 이겨낼 수 있는 힘이 생길 수 있기 때문이다.

순수 우리 고유의 언어 중 '고맙다'라는 말이 있다. 고맙다의 뜻을 알게 되면 이 말이 얼마나 귀한 말인지 깨닫게 된다. '고마'의 어근은 '곰'이고, 여기에 '아'라는 접미사가 붙은 것이라고 한다. '고맙다'와 '감사하다'라는 말은 같은 의미로 쓰이는데 '감'이라는 말이 '신(神)'의 뜻을 지니고 있어 '곰'과 '감(神)'은 같은 말로 여겨진다. 옛 고대인들에게 공경과 존귀의 대상이 신(神)이었다고 한다. 따라서 '고맙다'의 어원은 '내게 신이 왔습니다, 내가 신과 하나가 되었습니다'라는 깊은 의미를 가지고 있다.

상대방에게 "고맙습니다"라는 말을 들으면, 왠지 가슴이 따뜻해지고 기분도 좋아지게 된다. 이 말 앞에 어떤 말을 넣느냐에 따라 그 가치는 더욱더 달라진다.

우리에게 힘이 되는 말은 화려하고 특별한데 있지 않다. 나를 배려해주는 누군가에게 고마워할 줄 알고 감사해할 줄 알면 그것으로 족하다. 내 입에서 나가는 말이 사람을 살리기도 죽이기도 한다는 것을 깨닫는다면 함부로 쓰지 않게 된다. 눈과 귀는 두개인데 입이 하나만 있는 이유는 조물주가 한쪽으로만 보고 듣고 섣불리 판단하지 말고 특히 말조심하라고 입을 한 개만 만든 것은 아닐까 싶다.

진짜 신이 있다면, 남을 괴롭히고 피해를 주는 사람과 가까이하고 싶을까? 신이 보고 있는데 감히 누가 누굴 괴롭힐 수 있을까? 한낱 인간주제에 말이다.

PART

4

—

설득의 기술

거짓말 못 끊는
리플리 증후군 퇴치법은?

- 리플리 증후군(Ripley syndrome)이란, 허구의 세계를 진실이라 믿고
  거짓말과 거짓된 행동을 상습적으로 반복하는 증상!

- 거짓말을 반복하다 보면 진실처럼 느껴져, 이런 점을 악용하는 경우 증가!

- 거짓말 퇴치방법 3가지: 증거수집, 진지한 대화로 문제인식 심어주기,
  진실성을 보여주기 전까지 신뢰하지 못함을 단호하게 표현!

1999년에 『리플리』라는 영화가 개봉했다. 주인공 리플리(맷 데이먼)는 뉴욕에서 밤에는 피아노 조율사, 낮에는 호텔 보이로 그저 그런 인생을 살아간다. 어느 날 선박부호 그린리프가 자신의 아들과 같은 프린스턴 대학에 리플리가 다니는 줄 착각해 자신의 아들 디키(주드로)를 이태리에서 데려오라는 제안을 한다. 1,000달러를 받고 이태리로 가게 된 리플리는 프린스턴 대학 동창이라며 디키에게 서서히 접근해 그와 그의 연인 마지(기네스 팰트로)와도 친해진다. 이들과 함께 파티를 즐기며 상류사회의 일원이 된 것처럼 푹 빠지게 된 리플리. 시간이 지나자 돈도 바닥이 나고 자신의 거짓행각이 들통날까 두려워 디키와 그의 친구를 죽이고 디키 그린리프 행세를 한다는 내용이다. 이 영화가 흥행에 성공하면서 '리플리 증후군'이란 말도 더 많은 사람들에게 알려지게 됐다.

리플리 증후군(Ripley syndrome)이란, 허구의 세계를 진실이라 믿고 거짓말과 거짓된 행동을 상습적으로 반복하는 증상을 말한다. 1891년 독일 정신과 의사 안톤 델브뤼크(Anton Delbrueck) 박사가 처음으로 설명한 증상이다.

최근에는 온라인 상의 '사이버 리플리 증후군'도 눈에 띄게 증가하고 있다. 전문가들은 이런 허언증이 끊임없는 무한 경쟁

사회, 목표만 달성할 수 있다면 수단과 방법을 가리지 않아도 좋다고 생각하는 사회 풍조, 부족한 자신을 거짓으로 포장해서라도 사람들의 관심과 인정을 받고 싶다는 심리 등이 작용해 이런 결과를 낳게 되었다고 말한다.

2015년 한 한인 천재소녀의 사연이 큰 화제가 된 바 있다. 그녀는 미국의 SAT(대학수학능력시험)에서 만점을 받아 하버드 대학교와 스탠퍼드 대학교에 동시에 입학하게 됐고, 마크 저커버그(페이스북 창업자 겸 CEO)의 스카웃 제의 소식이 알려지면서 각종 언론에 스포트라이트를 받았다. 그러나 얼마 지나지 않아 대학교 측에 확인해 본 결과 모든 게 거짓으로 탄로가 났다. 당시 전문가들은 이 소녀를 '리플리 증후군'이라고 진단했다.

선의의 거짓말이 때로는 필요할 때가 있다. 그런데 거짓말을 밥 먹듯이 마치 사실인 것처럼 한다면 이것은 사회악이 된다. 자신뿐만 아니라 타인에게도 막대한 피해를 줄 수 있기 때문이다. 요즘 각종 SNS에 올라오는 사진들을 보면, 고가의 차와 명품을 자랑하는 등 자신을 과시하는 도구로 사용하는 경우가 많다. 그러다 보니, 일부 거짓된 삶이 탄로나 망신을 당하거나 비난을 받는 일도 증가하고 있다.

또, 사회·정치적으로 매우 유명한 분들이 거짓말로 선동하는 경우도 있다. 누가 봐도 거짓증거가 차고 넘치는데도 지지자들에게 자신이 되려 피해자라고 태연하게 호소하는 정치인들도 우리는 뉴스를 통해 자주 보고 있다. 병적인 거짓말쟁이들은 마치 진짜인 것처럼 진지한 표정으로 말하기 때문에 누군가는 '설마 저렇게까지 말하는데 거짓말이 아닐 수도 있겠다'고 판단하기 쉽다. 거짓말은 반복되다 보면 진실처럼 느껴지게 된다. 정치인들은 이런 점을 악용해 선동하기도 한다. 거짓말은 곤란한 상황을 모면하기 위해 하는 경우가 많다. 그러나 영화 '리플리'처럼 자신의 거짓이 들통날까봐 살인까지 저지르는 것처럼 거짓말은 거짓말을 낳고 결국 더 큰 거짓말로 파국을 맞이하게 된다.

타인에게 피해를 주는 거짓말쟁이에 대해 우리는 대처해야 한다. 첫번째, 거짓말을 밥 먹듯이 하는 사람의 거짓말에 대해 증거를 수집해야 한다. 향후 다른 사람의 도움을 받을 때 수월하게 대처가 가능하다. 정확한 증거를 보여주면 결국 창피해서 거짓말을 못하거나 사과하게 된다.

두번째로는 진지한 대화를 통해 이것이 문제라는 인식을 심어줘야 한다. 여러 사람들 앞에서 해명하라고 하면 그 상황을 벗어나려고 또 거짓말을 할 수밖에 없다. 개별 만남을 통해 이성적으로 대화해야 한다. 당사자를 너무 몰아 부치거나 흥분해 추궁하지 않는 것이 좋다.

마지막으로는 진실성을 보여주기 전까지는 신뢰하지 못함을 단호하게 말해야 한다. 이런 말을 들었을 때 당사자도 강심장이 아닌 이상 마음이 힘들 수밖에 없다. 관계회복을 원한다면 고치려고 노력할 것이다. 이런 경우는 과거 잘못에 대해 더 이상 거론하지 않는 것도 지혜다. 그러나 만약 여러가지 노력에도 불구하고 당사자가 변함이 없다면 이 관계는 정리하는 편이 훨씬 낫다.

에이브러햄 링컨(미국 16대 대통령)은 '모든 사람을 얼마동안 속일 수는 있다. 또 몇 사람을 영원히 속일 수도 있다. 그러나 모든 사람을 영원히 속일 수는 없다'라고 말했다. 요즘 같은 세상, 큰 울림을 주는 명언이다.

아첨술이 아니라 생존의 능력
'처세술의 비법'

- 처세술은 결코 아부가 아니라 능력이고 지혜의 한 수!

- 처세에 능한 사람이 되기 위한 3가지 방법:
  ①들어주기 ②진심으로 칭찬하기 ③부정적인 감정 보이지 않기

- 모든 사람들에게는 배울 점이 있기 마련, 현명한 처세로 삶의 질을 높이자!

27

한국 청소년 정책연구원이 만18~34세 청년 2041명을 대상으로 '청년 사회·경제 실태조사'를 한 결과, 전체의 5.1%의 청년들이 거의 외출을 하지 않는 것으로 나타났다. 이런 수치를 바탕으로 전문가들은 한국에 은둔 청년의 수는 30만~40만 명으로 추정하고 있다. 또, 고용노동부에 따르면 사회에 나가 일할 의지가 전혀 없는 소위 니트족(NEET: Not in Education, Employment or Training)이 해마다 증가하고 있다고 말했다.(『헬스동아』기사 참조)

며칠 전, 한 후배가 동호회 징계위원회에 회부되어 근신처분을 받았다는 연락이 왔다. 모임에서 인기도 얻고 싶고 인정받고 싶어 나름 노력을 했는데 일이 꼬여 문제가 발생했다고 했다. 그렇지 않아도 늘 인간관계에 대해 고민하던 후배라 더 안타깝단 생각이 들었다. 직장이나 각종 만남에 내 맘 같은 사람들만 있으면 참 좋겠지만 다양한 성향의 사람들이 있다 보니 뜻하지 않은 어려움이 생기기도 한다.

처세술(處世術)이란, 사람들과 사귀며 세상을 살아가는 방법이나 수단을 말한다. '저 사람은 참 처세에 능하다'는 말이 아첨을 잘 한다고 해석되는 경우가 많다. 그러나 직장생활을 하다 보면 '처세가 곧 나의 생존'이란 것을 공감하게 된다. 처세술은 결코 아부가 아니다. 이 또한 능력이고 지혜의 한 수다. 만약 자신이 능력이 매우 뛰어난 사람일지라도 누군가 인정해 주는 상사나 기회를 제공해 줄 수 있는 사람이 없다면 아주 오랜 시간을 헤맬 수밖에 없다. 힘겹게 회사에 들어갔는데 나와 맞지 않는 상사 한 명 때문에 좋은 직장을 관두는 게 얼마나 억울한 일인가? 피할 수 없으면 즐겨야 되는데 도대체 즐기기엔 너무 괴롭기 짝이 없다. 어떻게 하면 처세에 능한 사람이 될 수 있을까? 당장 실천할 수 있는 지혜 몇 가지를 알아보자.

첫번째는 '들어주기'다. 미국의 처세술 이론가 데일 카네기(1888~1955)는 사람의 마음을 움직이는 기술 중 하나로 경청의 중요성을 강조했다. 사람은 누구나 인정받고 싶은 욕구가 있다. 상사의 말을 들어주는 것이 때론 지루해 인내가 필요할 때도 있다. 그러나 공감만 잘 해도 상사의 마음사기가 훨씬 수월해진다. 얼마 지나지 않아 상사의 눈빛이 달라지고 내 의견에도 귀 기울여 주고 있을 것이다. 이렇게 되면 결국 누가 득이 되겠는가? 결국 나 자신이다.

두번째는 '진심으로 칭찬하기'다. 예전 필자는 한 대기업에 다닌 적이 있다. 어느 날 상사가 "오늘 의상 컨셉 너무 좋은데?"하며 필자를 칭찬했다. 그런데 몇 분 후, 출근하는 내 동료를 보며 "오~ 오늘 ○○대리 의상 컨셉 너무 좋은데?" 하는게 아닌가? 그리고 그 멘트를 모든 직원에게 똑같이 사용하셨다. 이 일이 있은 후 그분의 말에 진심을 느끼는 사람은 아무도 없어졌다. 진심어린 칭찬은 관심에서 나온다. 특히, 직장에선 업무에 대한 칭찬이 더 긍정적인 효과를 준다. 치열한 경쟁사회에서 능력에 대한 칭찬은 모두가 받고 싶은 칭찬이기 때문이다. 작은 칭찬이라도 표현해 주는 센스를 발휘해 보자.

마지막으로 '부정적인 감정을 보이지 않기'다. 인간관계에서 자신의 감정을 많이 드러낼수록 결국 나에 대한 안 좋은 평가로 이어질 수 있다. 또, 누군가를 험담하는 말은 자제하는 것이 좋다. 그런 자리에 함께 있다해도 동조보다는 잘 듣고 있다는 반응정도로 지혜를 발휘해 향후 난처한 일들을 예방하는 것이 좋다. 내가 험담했던 상사가 날 평가할 지, 함께 일할 지 알수 없기 때문이다. 그리고 상사나 동료로부터 불편한 피드백을 듣더라도 불쾌감을 드러내거나 흥분하지 않도록 해야 한다. 감정을 쉽게 드러내면 참을성 없고 자기관리를 잘 못한다는 인상을 주기 쉽다. 오히려 피드백 내용에 감사함을 표현해 보자. 이 반응에 상대방은 오히려 당신을 괜찮은 사람으로 평가하고 있을 것이다.

공자는 논어 술이(述而)편에 "세 사람이 길을 가면 반드시 나의 스승이 있으니, 그들로부터 좋은 것은 가려 따르고 좋지 않은 것은 고친다"라고 말했다. 모든 사람에게는 배울 점이 다 있기 마련이다. 처세술이란 사람들과 사귀며 세상을 살아가는 방법이나 수단이라 했으니 현명한 처세로 삶의 질을 높이시길 바란다.

인간관계도 '투자의 시대'
성공하는 3가지 법칙

- 인맥관리 실패의 첫번째 원인은 바로 나 자신!

- 무엇을 말할 지 미리 생각해보고 철저한 준비!

- 상대방에 대한 관심의 표현은 호감 받는 첩경!

28

누구나 성공한 삶을 꿈꾼다. 사회생활을 경험하면서 인맥이 얼마나 중요한 지 깨닫게 된다. 치열한 삶속에서 살다 보니 인간관계도 경쟁력의 기준이 되어 버렸다.

'인간관계 번 아웃 증후군(Burn out syndrome)'이란 말이 있다. '번 아웃(Burn out)'이란 지나치게 일에 의욕적으로 몰두하던 사람이 극도의 신체적, 정신적 피로감을 느끼면서 무기력증, 자기혐오, 직무거부 등에 빠지는 현상을 말한다. 특히 오늘날 현대인들은 관계에서 오는 복잡하고 다양한 일들을 한꺼번에 해내야 하다 보니 '인간관계 번 아웃 증후군'이 생기게 되었다.

과거 박진영 JYP대표는 한 인터뷰에서 "인맥은 짧게 보면 도움은 되지만 길게 보면 결코 도움이 되지 않습니다. 그러니까 인맥 쌓으려고 술자리에 가시거나 별로 안 좋아하는 사람들과 어울려서 시간 보내는 일을 하지 말라고 자신 있게 추천 드리고 싶습니다"라고 말했다. 이 말에 많은 사람들은 '성공했는데도 이런 고민을 하고 있구나'하는 생각을 했을 거다. 좋은 인맥은 필요하다고 공감하면서도 억지로 해야 한다는 부담감에 스트레스가 이만저만이 아니다. '성공한 사람들이야 아쉬울 것 없지 않겠는가'하는 생각도 든다.

'성공은 곧 인맥이다.' 이 공식에서 벗어날 수 없다면 자신만의 방법을 찾는 것도 지혜다. 그럼, 몇 가지 슬기로운 인맥관리 방법에 대해서 알아보자.

　첫번째, 자신이 인맥관리를 못하는 이유에 대해서 생각해보자. 사람들과 만남을 좋아하는지 싫어하는지, 사람들에게 관심은 있는지 없는지, 말투나 태도는 어떠한 지 등 자신을 먼저 아는 것이 중요하다. 원인을 명확히 하고 문제개선에 접근하다 보면 해결되어 자신감을 얻게 되는 경우가 많다.

　필자도 최근에 알게 된 한 지인이 있는데 줌 만남 때 화면에 얼굴은 안 나오고 정수리만 겨우 보여주거나 아니면 오프라인 만남 때 아예 참석을 하지 않아 많은 사람들에게 궁금증을 자아내게 했던 분이 있었다. 나중에 알고보니 개인적 만남에서는 말씀도 잘 하시고 자기 표현도 잘 하시는데 사람들 앞에서는 왠지 주눅들고 할 말이 생각나지 않아 피했던 것이었다.

　이런 경우는 많은 사람들이 있는 모임에 억지로 참여하는 것보다는 일대일이나 극소수의 모임 등을 통해 차츰 개선해 나가는 것이 좋다.

　두번째, 모임에서 무엇을 말할 지 미리 생각해보고 준비하자. 이미 속해 있는 모임들의 성격을 잘 알고 있다면 더 좋다. 어떤 말을 할 지 준비하고 가면 갑자기 인사를 시키거나 발언제안을 받았을 때 긴장은 되지만 실수를 최소화할 수 있고 잘 말할 수 있게 된다.

한국사람들은 정이 많아 상대에 관심이 많다. 나이, 결혼 유무, 자식은 있는지 몇 살인지, 직업, 취미 등에 대해 기본적으로 궁금해한다. 첫 모임 때 늘 빠지지 않는 것이 자기소개다. 즉흥으로 하다 보면 횡설수설 실수하게 되고 자신감이 없어질 수 있다. 자신을 알릴 수 있는 절호의 기회인만큼 꼭 다양한 멘트를 준비해 두자.

마지막으로 상대방에 대해 관심의 표현을 꼭 하자. 대화 중에 내 관심사가 아니기에 침묵하고 있다면 상대방은 당신을 냉소적인 사람이라고 오해할 수 있다.

내가 좋아하는 분야가 아닐지라도 상대방의 다양한 정보를 얻을 수 있고 간접 체험할 수 있다는 점에서 일석이조다. 또 아는가? 나중에 도움되는 사람을 만났을 때 그분이 이 관심사를 가지고 있을지. 지금 당장에는 별 도움도 안 되고 잘 모르는 내용일 지라도 잘 듣고 있다는 말 표현정도로도 호감을 줄 수 있다. 또, 직장이나 내가 사는 곳에 자주 보는 사람들에게 인사를 먼저 건네는 습관을 갖는 것도 좋다.

나와 가까운 사람들에게만 잘하면 새로운 시도가 필요할 때 한계가 있다. 먼저 다가가는 연습이 충분히 되어야 성장할 수 있다.

인간관계도 투자시대가 된 오늘날, 참 피곤하고 힘들 때도 많다. 그렇다고 모든 사람들에게 다 잘 해야 하고 참고 견딜 필요는 없다. 때로는 정중한 거절, 인맥 다이어트가 필요할 때도 있다. 그럼에도 나를 성장시켜줄 수 있는 귀인을 만날 수 있는 기회는 준비된 자에게 온다는 것을 잊지 말자.

인간관계를 변화시키는 '넛지효과'의 위력

- '넛지(Nudge)'라는 말은 '옆구리를 팔꿈치로 슬쩍 찌른다'는 의미로, 강요가 아닌 부드러운 개입을 통해 타인의 선택을 유도한다는 뜻

- '~(해)하세요, ~하지마, ~때문에, ~늘, 매번, 항상' 이런 말들을 부정적인 말과 함께 사용할 때는 주의!

- 상대방을 진정으로 살피고 이해했을 때 나오는 말은 참된 말이 되고 서로 교감상승!

29

사회경력을 쌓다 보면 이구동성으로 공감하는 말이 있다. '일이 힘든 게 아니라 사람 때문에 힘들다.' 좋은 직장에 들어가 이제 내 꿈을 펼치려고 했더니 무능한 상사를 만나 내 출세 길에 빨간 불이 켜지고, 못된 상사와 동료들 때문에 스트레스를 받고 회사를 관둬야 할지 심각한 고민까지 하게 만든다. 회사뿐만이 아니다. 각종 친교모임에서도 마찬가지다. 어디에 가든 따라오는 것이 인간관계요, 말로 인한 문제다. 어떻게 하면 이 문제를 해결할 수 있을까? 어떤 전문가들은 인맥 다이어트의 필요성을 외치고 또 어떤 이들은 말의 품격을 높여야 한다고 강조한다. 결국 답은 상대방을 바꾸는 것이 아닌 내가 먼저 바뀌어야 한다는 전제로 출발한다.

　　2008년 미국 행동경제학자 리처드 탈러와 캐스 선스타인이 쓴 『넛지(Nudge)』라는 책이 세상에 나오면서 수많은 기업과 조직에 열풍을 일으킨 단어가 있다. 바로 '넛지효과(Nudge Effect)'다. '넛지(Nudge)'라는 말은 '옆구리를 팔꿈치로 슬쩍 찌른다'는 의미로, 강요가 아닌 부드러운 개입을 통해 타인의 선택을 유도한다는 뜻이다.

　　대표적인 사례로 네덜란드 암스테르담에 있는 스키폴 공항 남자 화장실에는 모든 소변기 중앙위치에 검은 파리 한 마리가 그려져 있다고 한다. 과거 대부분의 남자들이 소변을 볼 때 조준하는 방향에 크게 신경을 쓰지 않아 소변기 밖으로 소변이 튀는 경우가 많았다. 그런데 파리 한 마리를 그려 넣음으로써 목표물이 생기고 거기에 집중하게 되니 자연스럽게 소변기 가운데로 맞출 확률이 높아지게 되었다. 그 결과 소변기 주변으로 튀는 소변의 양의 80%가 감소하게 됐다고 한다. 또, 미국 예일 대학교에서 두 그룹의 학생들로 나눠서 한 그룹의 학생들에게는 파상풍의 위험성과 예방접종의 중요성을 교육시킨 후 실제 접종률을 보니 교육 때 수긍은 했으나 3%만 접종을 했다는 결과가 나왔다. 반면 다른 그룹에게는 강연 후 보건소의 위치를 그림으로 보여주고 언제 맞을 건지, 어떤 경로로 갈 것인지를 결정하게 했더니 무려 28%가 실제 접종을 했다.

이 '넛지효과'를 대화에서도 얼마든지 활용할 수 있다. 예를 들어, 환경미화 및 보호를 위해 팻말에 '여기에 쓰레기를 버리지 마세요!'라는 문구를 사용하는 것보다 '환경을 생각하는 당신은 참 아름답습니다'라는 말로 바꿨을 때 더 효과적이라는 의미다. 기업에서 조직성과를 높이기 위해 "이런 정신상태라면 다음달 목표달성 어림도 없습니다. 언제까지 이렇게 일하실 겁니까?"가 아닌 "우리가 지혜를 모으고 힘을 합쳐 뛰면 우리 조직(팀)은 분명 목표달성 할 수 있습니다. 다음주 계획에 대해 우리 구체적으로 발표해 봅시다"로 좌절이 아닌 희망과 도전의식을 심어줄 수 있는 언어로 바꿔야 한다. '~(해)하세요, ~하지마, ~때문에, ~늘, 매번, 항상' 이런 말들을 부정적인 말과 함께 사용할 때는 주의 해야 한다. 상대방은 명령조의 말투에 변화는커녕 더 반감만 갖는다. 누구나 보상을 더 좋아하지 체벌은 싫어한다. 보상은 물질적인 것만 있는 것이 아니다. 정신적인 보상이 더 강력한 힘을 발휘할 때가 많다.

올해 내가 더 성장하고 누군가에게 좋은 사람으로 인정받고 싶다면 나의 언어를 지혜롭게 변화시킬 줄 알아야 한다. 말의 양이 많다고 말을 잘 하는 것도 아니고 화려한 어휘와 예의를 나름 갖췄다고 해서 품격이 높아지는 것도 아니다. 상대방을 진정으로 살피고 이해했을 때 나오는 말은 참된 말이 되고 서로 교감하게 된다. 올해도 반이 지나가고 있다. 내 환경 내 주변만 탓하며 멈춰있는 삶이 아닌 나 자신을 이끄는 괜찮은 삶이 되시길 바란다.

언어는 오해의 근원,
악성댓글은 보이지 않는 테러!

- 언어는 오해의 근원, 누군가의 말 한마디에 평생 가슴앓이 하며 살아가는 사람들도 있다는 것을 알아야 한다.

- 악성 댓글은 언어폭력이자 사이버테러다.

- 타인을 존중하고 배려하는 마음가짐으로 스스로 좋은 언어를 쓰려고 노력해야 한다.

미디어 시대를 살아가면서 사이버 공간 속에서의 소통은 더 빠르게 증가하고 있다. 특히 MZ세대들에겐 SNS나 유튜브가 더 자연스럽고 익숙하기만 하다. 미디어 발달은 수많은 사람들과 실시간으로 다양한 정보를 공유하고 소통할 수 있는 편리함을 준다. 그런데 그 이면에는 누군가에게 치명적인 무기가 되어 고통을 준다는 사실을 우리는 알고 있는가? 언론이 가짜 뉴스 생산, 댓글 조작, 사이버 범죄의 증가, 채팅을 통한 갑질, 왕따 등 수많은 문제들이 걷잡을 수 없을 정도로 우리의 삶을 좀 먹고 있다. 문제는 이런 부분들이 외면되고 있다는 점이다. 과거엔 일부 공인들에게만 국한되었지만 이젠 우리도 피해자가 되고 있다는데 그 심각성에 주목해야 할 때다.

지난 tvN『유키즈 온 더 블록』이라는 프로그램에 정치인이 출연하면서 이 프로그램 진행자인 유재석씨가 엉뚱하게도 정치색 논란에 휩싸였다. 프로그램 게시판에는 특정 강성 네티즌들 중심으로 수많은 악성 댓글이 달리기 시작했고, 심지어 정치인들까지도 가세해 상황이 더욱 악화로 치달았다. 이에 참다 못한 유재석 소속사 안테나는 '소속 아티스트를 향한 악의적 비방, 성희롱, 허위사실 유포, 인신공격, 명예훼손 글 등 악성 댓글에 강경하게 대응할 것'이라고 밝혔다.

악성 댓글(악성 리플)이란 상대방이 올린 글에 익명으로 비방 또는 험담을 하는 댓글을 뜻한다. 이런 악플을 다는 사람들을 악플러라고 한다. 악플러들의 특징을 보면, 타켓을 정한 뒤 무분별한 언어폭력을 퍼 부음으로써 마녀사냥을 일삼는다. 그들 나름대로의 이유는 있다. 그런데 그 이유가 그저 의혹에 불과하고 사실이 아님이 밝혀져도 한 사람의 인생이 쑥대밭이 될 때까지 짓밟아 버린다. 마치 화풀이 대상이 필요했던 것처럼 말이다. 아니면 말고 식이다. 어른다워야 할 기성세대들인 40~50대가 모범을 보이지 못하는 것도 문제다. 더 큰 문제는 젊은 세대들에게 이런 언어폭력 문화가 그대로 답습되고 있다는 점이다.

건강한 소통문화로 나아가는데 막강한 영향력을 주는 계층은 사회 지도층이다. 과거 한 정치인은 당내 비공개 온라인 회의에서 동료 의원에게 성희롱 발언을 했다는 의혹에 휩싸였었다. 문제의 의원은 이런 논란에 "가벼운 농담에 불과한 발언이었는데도 취지가 왜곡되어 보도된 것에 유감을 표한다"고 입장문을 냈다. 그러나 같은 당내에서 사실관계 확인 후 "가벼운 농담이라고 하기엔 다수가 오해를 넘어 성적 불쾌감을 느꼈다"며 유감을 표명하기도 했다. 국민을 대표하는 정치인들의 언품(언어의 품격)이 이래서야 되겠는가?

어린 왕자의 작가로 유명한 생텍쥐페리는 '언어는 오해의 근원이다'라고 말했다. 자신의 말과 글이 사람을 살리기도 하고 죽이기도 한다는 것을 알아야 한다. 말은 총과 칼보다 더 무서운 무기가 될 수 있다. 누군가의 말 한마디에 평생 가슴앓이 하며 살아가는 사람들도 있다는 것을 알아야 한다. 익명성이 보장되는 사이버 공간에서는 감정의 배설구 대상을 찾아 온갖 저주를 퍼 부어도 문제가 될 게 없다는 인식이 팽배하다. 포털이나 SNS에 올라오는 글을 보면 정상적인 말 보다는 비방하고 조롱하는 댓글들이 더 많음에 씁쓸함을 느끼게 된다. 필자는 방송과 언론이 한몫을 한다고 생각한다. 검증도 되지 않은 여러 의혹들을 자극적인 언어로 각종 포탈에 도배하다시피 하니 정보를 소비하는 주체들은 이것이 진짜라고 믿을 수밖에 없다. 언론 스스로가 양질의 기사를 만들고 검증되지 않은 이슈는 철저한 팩트 체크를 해야 한다.

악성 댓글은 언어폭력이자 사이버 테러다. 제도적인 장치로만 규제할 수도 없다. 보이지 않는 테러범을 없애기 위해서 우리 스스로도 자성의 목소리를 높여야 한다. 1인 방송이 활성화되는 시대에 이젠 일반인들까지도 많은 피해를 입고 있다. 타인을 존중하고 배려하는 마음가짐이 있어야 하며 스스로 좋은 언어를 쓰려고 노력해야 한다. 바른말 문화가 확산되기 위해서는 기본적으로 가정에서 학교에서 교육을 통해 풀어나가야 한다. 더불어 방송과 언론이 양질의 콘텐츠로 소비자가 사회를 바르게 바라볼 수 있는 눈과 귀가 되어야 한다. 또, 국민적 합의에 따른 강력한 제도적 장치와 실질적인 처벌이 함께 이뤄져야 할 것이다. 누군가의 인생이 아닌 바로 우리들과 내 자식들을 위해 기성세대들의 노력이 더욱더 필요한 시점이다.

말 못할 답답함, 발표 울렁증을 치유하는 세가지 키워드

- '말 값이 몸값'이란 말이 있다. 자신감 있는 발표를 통해 성공의 기회에 한걸음 더 다가가자.

- 발표울렁증을 극복하기 위해서는 자신감 회복이 중요!

- 자신감의 원천은 연습과 훈련!

- 시나리오를 무조건 외우지 말고 키워드 중심으로 연습하기

- 실전처럼 연습하여 리스크의 갭 최소화!

한 취업포털 커리어에서 직장인 384명을 대상으로 '많은 사람 앞에서의 발표를 앞두고 극심한 불안감을 느낀 적이 있는가'에 대해 설문조사를 진행한 결과 '그렇다'고 대답한 직장인이 무려 98%를 차지했다고 밝혔다.(아시아경제)

대다수의 사람들은 많은 사람들 앞에서 발표하는 것에 익숙하지 않다. 그러다 보니 작은 모임에서 인사 한마디씩 하는 간단한 말 한마디도 큰 부담으로 다가온다. 돌아가며 말하는 자리에서 자신의 차례가 다가올수록 손발에 땀이 나고, 심장이 콩닥콩닥 뛰고 머리가 하얘져 버린다. 누군가에게 이런 고민을 말할 수도 없고 매번 이리저리 피할 수도 없는 노릇이다. 뭔가 대책이 필요하다.

필자에게 오는 사람들 중 상당부분은 직장인들이다. 직급이 낮은 사람들보다는 의외로 직급이 높은 분들이 더 많이 찾아온다. 사연을 듣다 보면 대부분 비슷한 경우가 많다. 직급이 높아질수록 직접 사장에게 보고를 한다거나 임원진들 앞에서 수시로 발표를 해야 되는데 너무 힘들다고 말한다. 한 중소기업의 CEO는 중요한 행사나 임원회의에서 '말빨' 좀 되는 직원을 볼 때 심리적으로 위축이 되어 말문이 막힌다고 했다. 또, 어떤 직장인은 발표를 피하기 위해 회사를 옮겼는데 새 회사에서 월례

조회를 진행하라는 사장의 지시에 사직서를 가슴에 품고 다녔다고 말했다.

발표 울렁증은 병이 아니다. 또 내성적인 성격이어서 못하는 것도 아니다. 우리는 TV에 나오는 인기있는 연예인들을 보면 외향적이고 끼가 넘칠 거라고 생각한다. 하지만 의외로 자신이 내성적이라고 말하는 연예인들이 많다. 지금은 퍼스널 브랜딩(특정 분야에서 차별화되는 나만의 가치)이 매우 중요한 시대에 살고 있다. 내 주위에 있는 사람들보다 경쟁력을 갖추기 위해서 스피치는 매우 중요한 요소다. 발표능력은 곧 성공의 기회이자 돈이다.

발표 울렁증을 극복하기 위해 첫번째는, 자신감 회복이다. 자신감은 많은 경험과 노하우에서 비롯된다. 이 말은 '나는 발표 경험이 적어서 안되는구나'가 아니다.

한 유명한 국민강사가 성공하기 전 그녀의 에피소드를 들려준 적이 있다. 수많은 기업에서 퇴짜를 맞고 낙심하던 중 한 기업의 교육담당자로부터 강의요청을 받았다고 한다. 어쩌면 이번이 마지막일 수도 있다는 생각에 이를 악물고 필사적으로 연습을 했다고 한다. "저는 아이를 등에 업고 이 방 저 방을 돌아다니며 발표연습을 했습니다. 너무 많이 연습을 하다 보니 이젠 교육생을 빨리 만나고 싶어지더라고요." 발표를 준비할 때 자신이 얼마만큼 노력했는가가 너무도 중요하다. 자신감의 원천은 연습과 훈련임을 기억해야 한다.

두번째로 키워드를 중심으로 연습하기이다. 발표할 때 무작정 시나리오를 써서 달달 외우는 것은 실패할 확률을 높인다. 긴장한 나머지 갑자기 단어 하나가 생각나지 않으면 그때부터 말이 꼬이기 시작하고 횡설수설하게 된다.

과거 청와대에서 근무하는 한 사람을 수업할 기회가 있었다. 그때 아주 중요한 분들 앞에서 발표를 해야 한다며 50페이지가 넘는 슬라이드 내용을 글자 하나 안 틀리고 외워서 왔다. 필자가 "몇 페이지 다시 한번 해볼까요?"라고 말하면 잠시 후 신기할 정도로 술술 말을 했다. 그런데 만약 "오늘은 간략하게 핵심만 발표해 주세요" 또는 다른 돌발상황이 발생할 경우, 당황한 나머지 달달 외운 내용이 한꺼번에 뇌에서 지워질 수도 있다는 것을 알아야 한다.

무조건 다 외우는 것이 능사는 아니다. 발표를 준비할 때는 키워드 중심으로 앞뒤에 살을 붙이면서 말 연습하는 것이 더 효과적이다. 다양한 각도로 키워드에 접근하기에 순발력도 생기고 말문이 막히는 것을 예방할 수 있다. 큰 뼈대를 머릿속에 두고 말하기 때문에 오히려 더 군더더기 없이 자신감 있게 발표할 수 있게 된다.

　마지막으로, 소리 내어 실전처럼 연습하기이다. 많은 사람들이 발표를 준비할 때 대부분은 앉아서 중얼거리듯이 대충 준비하는 경우가 많다. 이렇게 연습을 하게 되면, 서서 발표할 경우 앉았을 때와 다른 느낌 때문에 호흡도 제스처도 모든 게 낯설게 느껴지게 된다. 그러다 보니 전달력도 떨어지고 긴장하게 되어 발표를 망칠 확률이 높아진다.

　정식으로 실전처럼 연습해 봄으로써 여러 리스크의 갭을 줄여 나가야 한다. 상황이 된다면 발표할 장소에서 직접 연습을 해 보거나 그 장소에 잠시 가보는 것만으로도 도움이 될 수 있다. 또, 자신의 발표하는 모습을 촬영해 객관적인 시점으로 어떤 부분을 개선해야할 지 체크하는 것도 매우 좋다.

"그래서 결론이 뭔데?"라는 말을 늘 듣는다면? PREP으로 해결하자!

- 상대방을 설득하기 위해서는 내가 하고싶은 말이 아닌 상대방이 듣고 싶은 말하기 방법을 터득해야 한다.

- '프렙'은 P(Point 핵심), R(Reason 이유), E(Example 근거, 사례), P(Point 핵심, 결론)를 뜻한다.

- 인싸가 되고 싶다면 핵심을 말하고 이유와 근거를 제시하는 프렙으로 말하자.

32

우리는 인생 속에서 정말 다양한 사람들과 관계를 맺으며 살아간다. '누군가와 인연을 계속 이어갈 것인가. 말 것인가'를 결정할 때 가장 중요한 요소가 있다. 상대방이 '나에게 도움이 되는가. 나에게 흥미를 주는가'이다. 사람들은 누구나 자신이 듣고자 하는 말 또는 자신이 가치 있다고 생각되는 말이 아니면 잘 듣지 않는 본능을 가지고 있다.

우리는 날마다 누군가를 설득하며 살아가야 한다. 자녀는 갖고 싶은 것을 얻기 위해서, 직장인들은 상사에게 자신이 유능하다는 것을 알리기 위해서, 정치인들은 표심을 구하기 위해서 등 매 순간순간 설득의 연속이다. 상대방을 내가 원하는 방향으로 이끌기 위해서는 상대방이 듣고 싶은 말을 해야 가능하다. 내가 유창하게 말만 잘한다고 해서 될 문제가 아니다.

만약 여러분이 상사나 지인으로부터 "그래서 결론이 뭔데?" "뭘 말하고 싶은 거지?"란 말을 들었다면 자신의 말하는 습관을 한 번쯤은 점검해 봐야 한다. 대부분의 사람들은 하루를 바쁘게 살아간다. 누군가의 말을 너그럽게 들으며 생각할 시간적 여유가 거의 없다. 직장인뿐만 아니라 가족들끼리도 서로 너무 바빠서 대화할 시간조차 없는 세상이다. 그러니 상대방을 설득하기 위해서는 내가 하고 싶은 말이 아닌 상대방이 듣고 싶은 말하기 방법을 터득해야 한다.

세계적인 컨설팅회사인 메킨지가 활용한다고 해서 유명해진 일명 '윈스턴 처칠식' 말하기 기법이 있다. 수많은 직장인들이 비즈니스 화법으로도 많이 사용하고 있는 프렙(PREP)기법이다. '프렙'의 의미는 P(Point 핵심), R(Reason 이유), E(Example 근거, 사례), P(Point 핵심, 결론)를 뜻한다. P(Point)는 자신이 주장하고자 하는 핵심을 짧고 명확하게 제시하고, R(Reason)은 '왜냐하면~' 등으로 시작되는 이유를 말하며, E(Example)는 근거나 사례를 구체적으로 말하는 것이다. 마지막으로 P(Point)는 화자가 주장하고자 하는 핵심을 재강조하여 상대방의 뇌에 각인시키는 것을 말한다. 그동안 자신이 말할 때 횡설수설한다는 생각이 든다면 P-R-E-P순으로 말하는 습관을 길들이면 매우 좋다.

예를 들어보자.

P(Point 핵심): "부장님, 이번 상반기 전화친절도 조사는 2주뒤로 연기하는 것이 좋겠습니다."

R(Reason 이유): "왜냐하면 다음주부터 고객만족도 준비로 모든 직원이 출장이 잡혀 있기 때문입니다."

E(Example 근거, 사례): "김과장은 중국 출장으로 일주일간 자리를 비우고, 전화친절도 조사 실무자인 강과장과 최대리도 부산

과 제주도 출장을 다녀와야 해서 시간적 여유가 없습니다."

　P(Point 핵심, 결론): "고객만족도 준비부터 잘 마무리하고 2주 뒤 전사 전화친절도 조사를 진행하는 것이 좋겠습니다. 부장 님."

　이렇게 '프렙(PREP)' 방식으로 말하게 되면 상대방이 핵심을 정확하게 알아들을 수 있게 된다. 화자가 주장하는 핵심을 상대방도 자신의 판단기준으로 듣게 됨으로써 더 집중하게 되고 쓸데없는 에너지 소모를 예방할 수 있다. 말 좀 하는 사람들을 분석해 보면 '프렙(PREP)' 기법으로 주장과 근거를 제시하는 데 익숙해져 있다는 것을 금방 알 수 있다. 말할 때 경청은 매우 많은 에너지를 소모시킨다. 특별히 배려심과 인내심이 많은 사람이라면 상관없겠지만, 그런 천사 같은 사람은 극소수에 불과하다.

　이 세상에는 말 많은 사람은 많지만 효과적으로 의사소통을 잘 하는 사람은 드물다. 누구나 비즈니스업계 뿐만 아니라 모든 인간관계에서 매력적인 사람으로 신뢰감을 주고 싶어한다. 자신이 '인싸(인사이더)'가 되고 싶다면 핵심을 먼저 말하고 이유와 근거를 제시하는 '프렙(PREP)' 기법을 활용해 보자. 상대방이 내 말에 집중하는 모습을 보게 될 것이다.

말 잘하는 '말빨'보다
소통 잘하는 '말센스'를 택하라

- 말 잘 하는 것과 소통 잘 하는 것은 별개의 문제!

- 상대방의 마음을 얻을 수 있는 공감능력은 훨씬 더 매력적!

- 친절한 사람이 되고자 하는 마음가짐과 조금 더 진지하게 상대를 대하는 마음 가짐이 있어야 말센스!

과거 코로나 팬데믹을 겪으면서 크게 변화된 점은 오프라인 시대에서 온라인 시대로의 본격적 전환이 아닐까 싶다. 학교수업, 비즈니스, 각종 모임 등 모든 사람들 간의 소통은 직접 만남보다 인터넷으로 대체되었다. 또, 다양한 SNS 채널 활성화로 말이 아닌 글로 소통하는 일들이 두드러지게 많아졌다. 이런 점은 생활의 편리함을 주었지만, 자연스러운 만남을 통해 얻을 수 있는 정서적 교류는 확실히 약해졌다. 더욱이 글로만 소통하니 말할 기회는 점차 줄어들고 정작 누군가를 만났을 때는 어색하고 무엇을 말해야 할지 부담스럽다고 말하는 이들이 늘고 있다.

　　다양한 화제거리로 막힘없이 유창하게 말하는 사람들을 보면 부러울 수밖에 없다. 말 잘 하는 사람이 되고 싶어 너도나도 대화 스킬에 관련된 자기계발 서적 한 권 정도는 다 읽어봤을 정도다. 그런데 한 가지 생각해 볼 게 있다. 말을 잘하는 것이 소통을 잘 하는 것일까? 이건 별개의 문제다. 소통의 사전적인 의미는 뜻이 서로 통하여 오해가 없다는 의미다.

　　오랜 전 필자가 직장생활을 했을 당시 소위 '말빨'이 되는 ○○대리가 있었다. 타부서와 회의 진행이나 브리핑을 할 때 등 그녀의 여유 있는 표정과 함께 유창하게 말하는 모습은 모두에게 부러움의 대상이었다. 그러던 어느 날 부장이 출장을 간 사이, 이 직원이 "차장님, 부장님 가시니 너무 좋으시죠?"라며 웃으며 차장에게 말을 걸었다. 나름 부서의 분위기를 띄우기 위해 한 말이었는데 "○○대리는 내가 없을 때도 그렇게 말하겠네~"라는 상사의 말에 부서 분위기는 썰렁해지고 말았다. ○○대리는 말을 정말 잘 하는 직원이었지만 이따금씩 상대방과의 소통 문제로 곤욕을 치러야 했다.

말을 잘 하는 것은 분명 능력이다. 그러나 말만 잘 하는 것이 아닌 상대방의 마음을 얻을 수 있는 공감능력은 훨씬 더 매력적임에 틀림없다. 조금은 서툴러도 친절함이 느껴지고 나에게 편안함을 주는 사람을 사람들은 더 좋아한다. 대한민국에서 가장 사랑받는 연예인 1위를 뽑으라면 단연코 국민MC 유재석일 것이다. 안티 팬이 없기로도 유명하다. 대중이 그를 좋아하는 이유는 무엇일까? 유재석은 출연자들 중 어느 한 사람도 소외되지 않도록 모두에게 관심을 두고 배려하며 상대방을 무안하게 만들지 않는다. 출연자의 말을 건성으로 듣지 않고 진심으로 공감해 주며 다정하게 대해준다. 유재석의 이런 소통능력이 대중들에게 호감을 주는 것이다.

매력적인 사람이 되기 위해서는 '말빨'보다 '말센스'가 더 중요하다. 최근 셀레스트 헤들리 라는 작가가 쓴 『말센스』라는 책이 큰 화제가 되고 있다. 말이 통하는 것보다 마음이 통하는 것이 더 중요하다며 작가는 말센스를 키울 것을 강조한다.

우리가 소통을 하는 궁극적인 목적은 무엇인가? 바로 상대방을 설득하기 위함이다. 설득은 '말빨'로만 되는 것이 아니다. 먼저는 상대방의 마음을 열어야 가능해진다. 아무리 옳은 말이라도 상대방의 귀와 가슴을 열지 못한다면 그저 공허한 메아리가 될 뿐이다.

우리는 논리적이고 유창하게 말하는 사람을 부러워하고 동경하지만 이런 사람을 자주 만나고 싶어하진 않는다. 오히려 내 말을 진심으로 들어주고 마음으로 공감해 주는 따뜻하고 친절한 사람을 더 자주 만나고 싶어한다.

말센스가 있는 사람이 되는 것은 어렵지 않다. 친절한 사람이 되고자 하는 마음가짐과 지금보다 조금 더 진지하게 상대를 대하는 관심과 배려로도 충분하다. 사람이 어찌 갑자기 180도 바뀔 수 있겠는가? 멋지게 변하려다 '변' 당할 수 있다.

예를 들어 내 말투가 무뚝뚝하다면 조금 더 부드럽게 말하려고 노력하기, 자신이 비판적이고 부정적인 말을 많이 한다면 상대방의 말에 판단은 잠시 멈추고 긍정적인 말 한마디 더 쓰려하기, 말을 잘 자르는 습관이 있다면 조금의 인내를 투자해 집중해서 들으려고 노력하기 등 얼마든지 작은 실천으로 상대방과의 대화가 즐겁고 풍요로워질 수 있다.

　말센스는 나를 잠시 내려놓고 상대방의 말에 귀 기울이며 따뜻한 공감과 격려의 말 한마디 더 얹었을 때 진짜 시작됨을 잊지 말자.

부록
―

- '컨피던트 스피치' 커리큘럼
- 스피치 사례연구

'컨피던트 스피치' 커리큘럼

1. 보이스 트레이닝
- 원고 리딩을 통한 개인별 음성진단 및 피드백
- 좋은 목소리를 위한 3요소(호흡/발성/발음) 및 기본자세 실습
- 발성의 원리 이해 및 공명점 찾기 훈련
- 다양한 장르 원고 리딩을 통해 정확한 발음/억양/속도 교정
- 키워드 강조 기법 및 훈련을 통한 생동감 있는 의사표현
- 동영상 촬영 및 피드백

2. 성공 프레젠테이션
- 설득력을 높이기 위한 PPT 및 강의 교안 작성법
- 음성 스피치훈련을 통한 정확한 의사전달
- 제2의 언어 시각스피치 활용전략

- 다양한 돌발상황 사례 분석 및 준비 전략
- 실전 프레젠테이션 발표 및 피드백
- 동영상 촬영 및 피드백

3. 면접 스피치

- 면접 스피치의 중요성 및 기본자세
- OBC(Opening / Body / Closing)기법을 활용한 호감주는 자기 PR방법 및 적용
- 직무/전공별 성공 전략 및 면접 시뮬레이션
- 압박/꼬리질문 등 다양한 질문사례 분석 및 성공전략
- 신뢰감주는 시각스피치(표정, 시선, 제스처)훈련
- 자신감 있는 의사전달을 위한 보이스 트레이닝
- 최종 모의 면접 실습 및 피드백

4. 키즈 스피치

- 올바른 호흡, 발성, 발음 원리 이해 및 실습
- 조리있게 말하는 OBC기법 익히기
- 다양한 원고 리딩을 통한 자신감 있는 표현력 실습
- 성공회장선거를 위한 원고 작성 및 설득 스피치기법
- 제2의 언어 바디 랭귀지 훈련
- 동영상 촬영 및 피드백

5. 1:1개인지도

- 스피치 진단 및 학습목표 수립
- 컨설팅을 통한 개인 커리큘럼 제작
- 체계적인 학습관리 및 수시 코칭
- 동영상 촬영 및 피드백
- 셀프 트레이닝 전략 수립

스피치 사례연구

1. 경력 취업면접 및 쉰 목소리

▶ 60대 중반 남성, 목소리가 매우 쉰 상태

- 고등학생 때부터 노래 잘한다는 소리를 듣고 더 잘하려고 야산에서 2~3시간씩 노래 부름
- 오랫동안 목에 힘주어 노래 부르다 보니 어느 순간 목소리가 쉰 상태가 지속되었음
- 경력 단절이 되어 지인이 소개해준 회사면접을 앞두고 찾아옴
- 영상촬영 결과, 쉰 목소리로 인해 전달력이 떨어지고 질문에 대한 답변도 단답형이거나 조리있게 말하는 부분

이 매우 약한 상태

- 복식호흡 및 건강한 발성 체득화 훈련 및 성대관리를 위한 생활 속 팁 제공
- 다양한 질문사례 분석 및 어떻게 답변을 할 것인지 전략적인 스피치 훈련 진행해 당황하지 않고 논리적으로 말할 수 있게 반복훈련
- 면접시뮬레이션 통한 표정, 제스처 등 시각스피치 훈련도 병행
- 목이 매우 쉰 상태이기 때문에 전반적으로 소리가 잘 안 들렸으나 피치조절을 진행해서 조금이라도 나오는 음역대를 찾아 스피치 연습을 진행했음
- 시간이 얼마 없었기에 한달 정도 수업이 진행됐고, 얼마 후 면접에 합격했다는 소식을 전해 주심 자신이 그 동안 불 같고 급한 성격이라 목에 핏대 세우며 소리 지르는 경우도 많았는데 이제는 이런 자신의 성격도 좀 고쳐 나가야겠다고 말하심

2. 목소리 떨림

▶ 60대 초반 여성, 주부

- 작은 목소리가 고민이 돼 성악가에게 훈련을 받던 중 높은 음을 내다가 갑자기 목젖에서 띵 하는 소리가 났고 그 후 성대 떨림 증상이 갑자기 생겼다고 함
- 작은 모임에서 리더역할을 하고 있는데 사람들 앞에서 공지사항 안내할 때마다 목소리가 떨려 스트레스를 많이 받았다고 함
- 간단한 음성테스트 결과, 발성 시 호흡이 매우 약하다 보니 가슴호흡 횟수가 한 문장에 여러 차례 발생해 전달력이 더욱 떨어지는 상태였음
- 또한 말할 때마다 목에 힘을 잔뜩 주게 되어 피곤하고 표정이 어두워지는 악순환이 있었음
- 배 근육 강화 및 복식호흡을 통해 깊이 있는 호흡과 목에 무리를 최소화할 수 있는 발성 훈련진행
- 성대가 소화할 수 있는 피치 점 찾고 발성 시 가까운 거리부터 먼 거리까지 단계별 발성강화 훈련을 매 회마다 진행했음
- 배 힘을 활용한 발성으로 문장이 끝나는 마지막 부분까

지 소리가 쭈욱 나갈 수 있도록 훈련.

- 3개월 주 1회 수업 진행 결과, 목소리 떨림이 많이 호전 되었음. 복식호흡의 중요성과 그 동안 목에 힘주어 말했던 부분이 매우 안 좋은 습관이었음을 깨달았다고 함

- 사람들 앞에서 말하는 것이 정말 힘들었는데 이제는 앞에 사람들 눈도 바라보며 말할 수 있게 되었고, 이렇게 전문가에게 교육받는 것만으로도 큰 자신감 회복이었다고 웃으며 말하심

3. 경상도 사투리 고민

▶ **50대 중반 여성, 남편 회사 경리사원으로 근무**

- 경상도 사투리가 심해 남편의 권유로 스피치 학원에 오게 됨

- 고객들이나 지인들이 화났냐는 얘기를 많이 해서 스트레스를 받았다고 함

- 부부모임 때도 본인만 사투리를 쓰다 보니 서울말씨 쓰는 다른 여성분들이 의식되고 위축되기도 했다고 토로함

- 음성 테스트 결과, 첫 발음을 할 때 유독 세고 급하게 발음하는 부분들이 빈번했음
- 또한 필자의 질문이 끝나기도 전에 급하게 말하는 습관이 있었고, 과도한 손동작과 불안한 시선이 상대방에게 안정적인 느낌보다는 정리가 안된 인상을 줄 수 있음을 인지시킴
- 부드러운 발성과 억양을 만들기 위해 복식호흡을 먼저 익히고 발성과 잘 연결될 수 있게 발성발음표 훈련진행
- 첫 소리를 낼 때 완만한 곡선으로 소리를 낼 수 있도록 반복훈련을 함으로써 억양의 중요성을 인식시키고, 가까운 지인들에게 짧은 문장이라도 활용할 수 있도록 미션을 드림
- 문장 첫 악센트를 세지 않게 배 가운데서 나올 수 있게 피치 조절
- 원고 리딩 시 조사부분이 튀지 않게 억양훈련 반복 진행
- 심하게 흔드는 끄덕임과 손 동작은 속도를 천천히, 몇 가지 기본 동작을 익히게 하고 거울 보며 서서 연습
- 매 수업마다 1분 스피치 미션을 주어 발표하는 모습 촬영 및 피드백 제공
- 셀프 전략: TV뉴스 앵커의 말투를 따라 해 보기, 말 속

도 의식하며 말하기, 거울 보며 밝은 표정과 함께 배운
제스처 활용연습

4. 발표 공포증

▶ 30대 중반, 남성, 식품 회사 근무

- 사람들 앞에서 말하는 것이 너무 공포스러워 전 직장도
  이 문제로 인해 사직했음
- 지금의 식품회사에 재취업했는데 사장님께서 매달 월례
  회의를 진행하라는 말에 회사를 다시 관둬야 하나 고민
  중 마지노선으로 스피치 학원에 찾아옴
- 스피치 훈련을 받아도 변화되지 않을 거란 생각을 갖고
  있었고 상담 도중 사직서도 작성했다며 보여줄 정도로
  많은 스트레스를 받고 있는 상태였음
- 필자의 경험담을 공유하며 연습을 통해 충분히 변화될
  수 있음에 대한 대화를 먼저 진행했고,
- 발표 시 필요한 기본적인 보이스 트레이닝과 제스처, 시
  선, 동선 등 시각스피치도 같이 병행 훈련
- 발표할 내용을 직접 만들어 오는 미션을 드렸고, 빔으로

슬라이드 한 장 한 장을 같이 분석하며 조금 더 깔끔하게 만들 수 있는 강의교안 및 PPT제작 방법에 대해 코칭함

- 처음엔 시나리오 전체를 작성하게 한 후, 키워드 중심으로 자연스럽게 말하는 훈련 반복 진행
- 촬영을 통해 어떤 부분들을 더 개선하면 좋을 지 영상을 같이 분석하며 개선해야 할 부분들 위주로 훈련 진행
- 자신이 미션을 해 내는 부분에 대해 성취감을 느꼈고, 얼마 후 첫 월례회의를 무사히 잘 진행했다는 연락을 받음
- 두 번째 월례회의 준비도 컨텐츠 아이디어부터 세밀하게 코칭
- 떨림도 거의 없이 청중의 눈을 보며 잘 진행하게 되었고 직원들도 너무 잘했다고 격려, 무엇보다 사장님께서 흡족해했다고 매우 기뻐함

5. 조음장애

▶ 10대 초반, 여학생

- 조음장애 증상이 심해 음성 클리닉에 오랫동안 다니다가 효과가 없다고 판단해 중단 후 차선책으로 스피치 학

원에 찾아옴

- 여학생이 낯가림이 심해 스피치 학원에 엄마와 왔을 땐 질문을 해도 거의 눈도 마주치지 않고 대답도 하지 않았음.
- 편안하게 대화 나누는 것이 먼저 필요한 상황이라 수업보다는 친밀감 형성에 좀 더 신경 썼고 여기가 병원이 아님을 잘 설명해 안정감을 갖게 함
- 상담 결과, 친구들도 본인이 말을 할 때 "뭐라고?"하는 반응이 많다 보니, 심적으로 힘들었으며 말도 하기 싫었다고 함.
- 어머님은 아이가 학교에서 놀림 당할까 봐 늘 걱정이 많았다고 얘기함
- 음성 테스트 결과, 발음을 거의 알아들을 수 없는 수준이었고 대부분의 자음과 모든 받침발음은 다 생략된 상태로 발음해 무슨 말인지 의미조차 파악하기 어려운 상황이었음
- 말 속도 또한 매우 빨라 급하게 발화하면서 발음이 더 뭉개지는 현상이 두드러졌음
- 낯설어하는 부분들을 해소하기 위해 가장 좋아하는 가수가 누군지 질문도 하며 즐겁고 편안하게 수업진행이 될 수 있게 대화하며 진행

- 가장 기본적인 발성과 각 발음 시 혀의 위치 입의 모양을 하나하나 다시 조음하는 방법위주로 수업이 진행되었고 처음엔 짧은 단어부터 서서히 긴 문장으로 연결해서 발음훈련을 진행함
- 어느 정도 발음교정을 한 후부터는 자기소개나 1분 자유 스피치 미션을 주어 발표하게 함
- DJ가 되어 보기도 하고 반장선거 도전 등 다양한 주제로 발표함으로 발표에 흥미를 느끼게 하며 수업이 진행돼 잘 따라와 주었음
- 또래아이들처럼 영상 촬영하는 것을 좋아해 스피치하는 모습을 촬영해 보여주며 스스로 어떤 부분을 개선해야 하는지 인지시키고 그 부분들을 교정해 오는 미션을 줌
- 처음과 어떤 변화가 있는지 같은 원고 리딩 촬영으로 비교 분석한 결과, 확연하게 발음을 알아 들을 수 있는 정도까지 발전하게 됨
- 조금은 나아졌지만 훈련을 꾸준히 하지 않으면 다시 원래로 돌아가기 때문에 스스로 셀프 트레이닝을 많이 할 수 있도록 코칭
- 꾸준한 혀 운동을 통해 발음이 둔해지지 않도록 배운 내용들이나 학교 교과서 위주로 연습할 수 있게 지도함

6. 행사 MC

▶ 요즘은 관공서나 병원 등 직장 내 직원들이 직접 내부 행사를 진행하는 경우가 많은데 이 부분 때문에 한 여자 공무원이 찾아옴

- 전국단위의 큰 행사였고 처음 사회를 보는 거라 매우 주눅이 든 상태였음
- 또, 남자 사회자는 현직 아나운서가 초빙되기에 더더욱 비교될까 봐 스트레스를 많이 받았다고 함
- 음성테스트를 통해 소리상태를 확인해 본 결과, 소리가 가늘고 힘이 하나도 없었고, 자연스럽게 시선 요청에도 제대로 화면을 쳐다보지도 못한 상태였음
- 일단, 목소리 트레이닝이 급한 상황이라 호흡발성발음 연습을 체계적으로 진행해 기본적인 스킬을 익히게 함
- 입안 공간 활용법을 통해 어떻게 소리를 내는지 공명의 원리 및 체득화 진행했고 수시 피드백을 통해 발음교정 및 발성, 억양 위주로 훈련을 진행함
- 실제 아나운서들의 표정, 제스처, 시선처리, 옷차림 등을 어떻게 하는지 같이 분석해 보며 적용하도록 함
- 국어책 읽는듯한 어색한 느낌이 아닌 자연스럽게 말하기 위해서 원고를 어떻게 분석하는지 코칭 진행

- 동시에 원고 리딩 시 시선, 제스쳐, 서있는 자세 등 시각적 전달기법에 대해서도 훈련 진행함
- 실제 발표할 원고를 함께 분석하고 배운 내용들을 적용할 수 있게 했으며, 매 수업마다 촬영을 통해 개선 포인트를 하나하나 코칭 진행함
- 수 차례 반복훈련을 하면서 안정감을 찾게 되었고 실제 무대에서도 떨지 않고 잘 진행, 남자아나운서와 직장직원들과 상사의 칭찬도 받았다고 연락 옴.
- 그 후, 직장 내 방송과 교육부분을 도맡아 하게 되었고, 여러 차례 무대에 서면서 두려움도 많이 없어지고 이제는 잘 할 수 있게 되었다고 소식 전해 줌

●

세상 모든 지식과 경험은 책이 될 수 있습니다.
책은 가장 좋은 기록 매체이자 정보의 가치를 높이는 효과적인 도구입니다.

갈라북스는 다양한 생각과 정보가 담긴 여러분의 소중한 원고와 아이디어를 기다립니다.

– 출간 분야: 경제 · 경영/ 인문 · 사회 / 자기계발
– 원고 접수: galabooks@naver.com